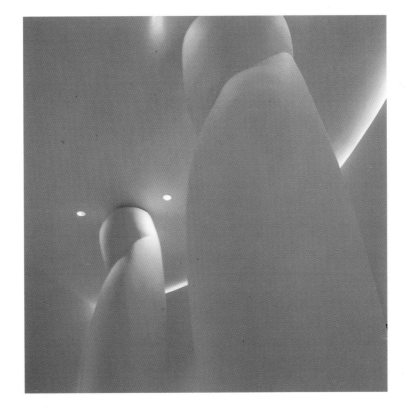

PHILIPPE STARCK®

TASCHEN

UMSCHLAGVORDERSEITE / FRONT COVER / COUVERTURE:
Royalton Bar stool, 1988
Barhocker / Bar stool / Tabouret de bar (Detail)

SCHMUTZTITEL / FLY TITLE / PAGE DE GARDE:
Restaurant Teatriz, Madrid
1990
Eingangshalle (Detail)
Entrance hall (detail)
Hall d'entrée (détail)

FRONTISPIZ / FRONTISPIECE / FRONTISPICE:
Philippe Starck, 1990
Photo: Jean-Baptiste Mondino

© 1991 Benedikt Taschen Verlag GmbH
Hohenzollernring 53, D-5000 Köln 1
Redaktion: Beatrix Schomberg, Köln
Design: Peter Feierabend, Berlin
Text: Olivier Boissière, Paris
Deutsche Übersetzung: Matthias Wolf, München
English translation: Michael Scuffil, Leverkusen
(Introduction and Biography in Brief)
Traduction francaise: Therèse Chatelain-Süd-
kamp, Cologne (Courte biographie et Légendes)
Reproduktionen: Reprogesellschaft
Lutz Wahl mbH, Berlin
Satz: Utesch Satztechnik GmbH, Hamburg
Printed in Germany
ISBN 3-8228-9752-3

Inhalt

Contents

Sommaire

Ein Zeitgeist namens Starck

Das Medium

Mit Philippe Starck hat sich etwas Merkwürdiges, aber auch sehr Zeitgemäßes ereignet: Sein wachsendes Renommee, seine Dauerpräsenz in Presse, Rundfunk und Fernsehen haben ihn zu einem solchen Medienereignis werden lassen, daß Person und Werk heute gewissermaßen autonome Leben zu führen scheinen. Ebenso wie einige-wenige seiner Zeitgenossen ist Starck dafür berühmt geworden, berühmt zu sein. In Anbetracht seiner vielfältigen, pausenlosen Aktivitäten ist dies ein positives Phänomen. Als »Schöpfer« hat Starck sich einen soliden Ruf erworben: Auf eine bestimmte Frage erhält man eine Antwort, die, auch wenn sie mit der Fragestellung nicht genau korrespondiert, dennoch stimmig ist; ein imageförderndes Qualitätsprodukt, dessen Erfolg von vornherein feststeht. Als Innenarchitekt entfaltet er eine Dramaturgie, die sich breiten Publikumszuspruchs sicher sein kann. Als Architekt hat er den Beweis erbracht, daß das vor uns liegende Jahrzehnt mit ihm zu rechnen haben wird. Industriedesigner oder erstklassiger Stylist, Verführer oder Dekorateur, Architekt oder Monster-Produzent: Der »Messias des französischen Designs« ist natürlich all dies und doch auch wieder nicht.

Darin äußert sich zunächst ein zeitbedingtes Phänomen. Die Helden und Heiligen der zweiten Hälfte des 20. Jahrhunderts gehören neuen Kategorien an: Es sind Hochstapler, Ingenieure, Comic-Zeichner, Trickfilmer, Schlagersänger, Sportler ... Kurz, der Ruhm ist heute breiter gestreut als früher. Oder vielleicht folgt er auch nur der Logik der Arbeitsteilung. Eigentlich müßte er sich ja, der Ankündigung seines Propheten zufolge, auf alle Menschen gleichmäßig verteilen – (Andy Warhol: »In Zukunft wird jeder fünfzehn Minuten lang berühmt sein«), fünfzehn Minuten pro Person –, hätte er nicht seine Favoriten.

Starck, a Spirit of the Times

The Medium

A funny thing has happened to Philippe Starck, and a very modern thing it is, too. Thanks to constant exposure in the media, both in print and on the air, his renown has grown to the point where the man and his work seem to be leading a life of their own. Like some other rare individuals among his contemporaries, Starck has grown famous for being famous. Considering his multifarious and frenetic activities, this must be accounted a positive phenomenon. As a »creator« – not really the best description, evoking as it does the image of a jolly old man who worked for six days and rested on the seventh – Starck has acquired a solid reputation. If you put a question, you will get an answer which is at one and the same time not quite to the point and yet appropriate, a quality product, good for the brand image, and whose success is assured in advance. As an interior designer, he employs a theatricality which cannot fail to draw the crowds; as an architect, he has provided the tangible proof that the new decade will have to reckon with him. Industrial designer or first-grade stylist, seducer or decorator, architect or begetter of monsters: the notoriety of this »Messiah of French design« defies simple labels.

First of all there is a phenomenon which derives from the age in which we live. The heroes and the saints of the late 20th century belong to novel categories: con men, engineers, cartoonists, pop singers, sporting personalities. In short, Fame has diversified, or perhaps she is merely following the logic of the division of labour. She would be dispensing her bounty in egalitarian doses as prescribed by her prophet – everybody will be famous for

Starck, Condensateur du Temps

Le Medium

Il est arrivé à Philippe Starck une drôle d'aventure, très moderne aussi: à force de médiatisation, de renommée croissante, de présence constante sur la scène des journaux, des magazines et des revues, de la radio et de la téloche, l'homme et son œuvre semblent aujourd'hui mener une vie autonome. A l'instar de quelques-uns – rares – de ses contemporains, Starck est devenu célèbre d'être célèbre. Au regard de ses activités multiples et frénétiques, ce phénomène est positif. Comme «créateur» – on n'aime guère ce mot qui ne devrait évoquer qu'un vieux bonhomme qui a œuvré six jours et s'est reposé le septième –, Starck s'est acquis une réputation solide: à une question posée, on obtiendra une réponse à la fois juste et décalée, un produit de qualité, bon pour l'image de marque et dont le succès est assuré à l'avance. Comme architecte d'intérieur, la dramaturgie qu'il déploie ne manquera pas de faire courir les foules. Comme architecte, il vient d'apporter les preuves tangibles que la décennie qui s'ouvre devra compter avec lui. Designer industriel ou styliste de haute volée, séducteur ou scénographe, architecte ou enfanteur de monstres, dans son évidence, la notoriété du «messie du design français» comme le désignait Mendini, n'est pas si simple.

Il y aurait tout d'abord un phénomène qui relève de l'époque. Les héros et les saints de la seconde moitié du XXème siècle appartiennent à des catégories nouvelles: ce sont des chevaliers d'industrie, des ingénieurs, des maîtres de l'image fixe ou animée, des chanteurs populaires, des sportifs … Bref, la gloire s'est diversifiée ou peut-être suit-elle la logique de la division du travail. Elle se dispenserait à la dose égalitaire annoncée par son prophète, quinze minutes par individu, si elle ne privilégiait ses élus, ses chouchous. Et ce sont bien souvent les petits derniers que désigne sa baguette. Ainsi s'est-elle avisée qu'après les médecins, les cuisiniers et les stylistes de vêtements – et avant les architectes –, les designers travaillaient au plus près du corps et que leurs produits, décors et objets, qu'ils fûssent ou non pourvus d'une âme, s'étaient érigés en témoins de nos intimités et de nos comportements quand ils ne s'en faisaient pas les maîtres. Modestes ou fiers, les façonneurs de notre environnement proche méritaient considération, mieux, honneur. En discipline un peu verte, le design avait déjà tenté de fonder sa propre légende en désignant ses pionniers œuvrant dans l'ombre. Il lui manquait des hérauts. Avant Starck pourtant, nul d'entre eux, sinon Raymond Loewy peut-être, n'avait su franchir les limites de l'estime des ses pairs ni réunir les qualités propres à un héros populaire.

La prestance, tout d'abord. Et Starck n'en manque pas, à sa manière originale. Grand, corpulent, forte tête, un physique de camionneur, curieusement doté d'une gestuelle légère et raffinée, il ne passe pas inaperçu. Il se vêt avec une désinvolture non dépourvue de coquetterie. Jeans noirs, baskets et tee-shirts mous font bon ménage avec des vestes sobres qui sortent de chez le meilleur

fifteen minutes – were it not for the fact that she has her favourites, her pets. And often it is the most unlikely candidates at whom her finger points. Thus she has noted that after the doctors, the chefs and the couturiers – and ahead of the architects – it is the designers whose work brings them most closely into contact with the human body, and that it is their products, their *décors* and their *objets* – whether or not endowed with a soul – that are witnesses to our intimacies of behaviour; when, that is, they are not actually in control of them. Modest or proud, the shapers of our immediate surroundings deserve recognition, or indeed honour. While still a somewhat green discipline, design had already tried to create its own legend by designating certain anonymous practitioners as pioneers. It suffered from a lack of recognized heralds. Before Starck, none – apart perhaps from Raymond Loewy – was able to find any recognition beyond the circle of his co-designers, nor to assemble the qualities appropriate to a popular hero.

First of all, bearing; and Starck suffers from no lack of that. In this respect, he is inimitable: tall, well-built, bull-headed, a lorry-driver's physique, yet curiously endowed with a refined lightness of gesture – not someone you could miss or mistake. His dress is casual to the point of coquettish: black jeans, trainers and floppy tee-shirts cheek by jowl with sober jackets from the leading Japanese fashion house. We should not forget his taste for bizarre head-gear: berets and ribboned bonnets, which he wears as if nothing could be more natural. In the little world on the fringes of Bohemia where dressing-up has acquired an institutionalized status,

Und meistens sind es ebendiese seine kleinen Lieblinge, denen er seine Gunst erweist. So ist ihm eingefallen, daß es nach den Ärzten, den Köchen und den Modeschöpfern – und vor den Architekten – die Designer sind, die am körpernächsten arbeiten, und daß ihre Produkte, Dekorationen und Objekte – ob sie nun eine Seele haben oder nicht – zu Zeugen, wenn nicht gar zu Herren unserer Intimsphäre und Verhaltensweisen geworden sind. Ob bescheiden oder stolz, jedenfalls verdienten die Gestalter unserer unmittelbaren Umwelt, anerkannt oder besser: geehrt zu werden. Als relativ neue Disziplin hatte das Design bereits versucht, sich seine eigene Legende zu schaffen, indem es einige namenlose Designer zu Pionieren erklärte. Was ihm noch fehlte, waren öffentlich anerkannte Leitfiguren. Doch vor Starck war es keinem von ihnen je gelungen – ausgenommen vielleicht Raymond Loewy –, über die Grenzen der Branche hinaus Anerkennung zu finden oder diejenigen Eigenschaften in sich zu vereinen, welche ihn zum Volkshelden prädestiniert hätten.

Da ist vor allem die imposante Erscheinung. In dieser Hinsicht hat Starck, auf seine ganz eigene Weise, wirklich etwas zu bieten: groß, korpulent, mächtiger Kopf, gebaut wie ein LKW-Fahrer, dabei aber erstaunlich behende und raffiniert in seiner Gestik – jemand wie er muß einfach auffallen. Er kleidet sich mit einer Ungezwungenheit, die einer gewissen Koketterie nicht entbehrt. Schwarze Jeans, Turnschuhe, schlabbrige T-Shirts, dazu schlichte Edeljakken vom besten japanischen Couturier. Nicht zu vergessen seine Vorliebe für bizarre Frisuren, Baskenmützen und Kappen mit Bändern, die er mit der größten Selbstverständlichkeit trägt. In jener kleinen Welt am Rande der Bohème, wo die (Ver-)Kleidung zur Institution geworden ist, muß jemand wie

Philippe Starck mit dem Stuhl »Dr. Glob«, 1989
Philippe Starck with the chair »Dr. Glob«
Philippe Starck avec la chaise «Dr. Glob»

Starck mit seinem nahezu unveränderlichen Outfit leicht irritierend wirken. Er läßt sich nicht kategorisieren: Weder gehört er zur Ordnung der bürgerlichen Angepaßtheit noch zu derjenigen – nicht weniger konformen – der Verkleidung, sondern er demonstriert ganz souverän seine Unabhängigkeit. Bemerkenswert – und zwar im strengsten Sinne des Wortes – an ihm ist, daß er auch über jene seltene Gabe verfügt, die

someone like Starck in his virtually unchanging outfit is a subtly unsettling phenomenon. He is immune to categorization, fitting neither into our ideas of bourgeois conformity, nor into the conformity – for that is what it is – of the world of the dandy and the dresser-

faiseur nippon. Il faut ajouter le goût pour les coiffures bizarres, bérets et bonnets à rubans qu'il porte avec un parfait naturel. Dans un petit monde aux franges de la bohème où le costume et le travestissement sont passés à l'état d'institutions, Starck dans sa tenue presque invariable est juste subtilement dérangeant. Inclassable, n'appartenant ni à l'ordre de la conformité bourgeoise, ni à celui – non moins conforme – du déguisement, il affirme tranquillement son indépendance. Remarquable, au sens strict du terme, il possède aussi ce don rare que, chez les acteurs, on nomme la «présence», ce pouvoir mystérieux et inné d'attirer sur soi l'attention, les regards, l'objectif des photographes et celui des caméras. Et puis, il parle, de façon compulsive et d'une voix déroutante de ténor léger à faire pâmer la fille de Madame Angot. Starck est, de son propre aveu, affecté de deux tares: la timidité et l'angoisse. Il dissimule la première derrière un flux ininterrompu de paroles et la seconde sous une gaîté qui n'est pas toujours feinte. De quoi parle-t-il? Du monde et de ses états, de théories «fumeuses», de la sensation et du plaisir, de l'instinct (qu'il possède) et du sens esthétique (dont il se dit dépourvu), de ses contemporains et de ses amis, de lui et de sa «tribu».

Ce serait peut être là un second point déterminant pour l'attraction médiatique universelle qu'il suscite: Starck n'est pas seulement en phase avec son époque. Il l'incarne absolument dans sa fulgurance et son éclatement. Sa tribu a surgi brusquement au milieu des années soixante-dix. Elle venait de nulle part, de la nuit. Elle était revenue des

up. Rather, he calmly affirms his independence. Remarkably – in the strict sense of the word – he possesses that rare gift which among actors is known as »presence«, that mysterious and innate power of attracting to oneself the gaze of the public and of the cameras alike. And his manner of speaking: compulsive yet confusing, in a light tenor voice which would be enough to make Madame Angot's daughter swoon. Starck possesses two characteristics which he himself acknowledges as flaws: shyness and anxiety. The former he hides behind a continuous torrent of words, the latter behind a gaiety which is not always merely simulated. And what does he talk about? About the world and its condition, about abstruse theories, about the realm of the senses, and about pleasure, about instinct (which he possesses) and about the feeling for aesthetics (which he says he lacks), about his contemporaries and his friends, about himself and his »tribe«.

This last might be a second decisive factor in the universal media excitement which he generates: Starck is not merely in tune with the age; in his brilliance and vehemence he is its very incarnation. His tribe burst on to the scene in the mid – 1970s. It came from nowhere, from the night. It had recovered from the confusions of May 1968, from its disillusion with society. As he was to say later, the street demonstrations left them cold. They burnt themselves up in sleazy dives in the glare of neon lights, indulging in the use of substances not exactly recommended by the medical profession. They adopted the orphans of the coming apocalypse, Sid Vicious and Mad Max. They voraciously de-

man bei Schauspielern »Präsenz« nennt: Die geheimnisvolle, angeborene Fähigkeit, die Aufmerksamkeit und die Blicke, das Objektiv der Fotografen und der Kameras auf sich zu lenken. Und dann seine Art, zu sprechen: suggestiv und mit einer befremdenden Stimme in leichter Tenorlage, die dazu angetan wäre, die Tochter von Madame Angot in Ohnmacht fallen zu lassen. Starck besitzt zwei Eigenschaften, die er nach eigenem Bekenntnis als Mängel empfindet: Schüchternheit und Angst. Die erste kaschiert er hinter einem ununterbrochenen Wortschwall, die zweite überspielt er mit einer Fröhlichkeit, die nicht immer aufgesetzt ist. Worüber spricht er? Über die Welt und ihren Zustand, über »abstruse« Theorien, über Empfindung und Genuß, über den Instinkt (den er besitzt) und das ästhetische Gefühl (das ihm nach eigener Aussage abgeht), über seine Zeitgenossen und seine Freunde, über sich selbst und seine »Sippe«.

Dies wäre vielleicht ein weiterer entscheidender Grund für den weltweiten Medienrummel um ihn: Starck ist nicht nur auf der Höhe seiner Zeit, vielmehr verkörpert er sie in seiner Brillanz und Vehemenz geradezu. Seine »Sippe« ist urplötzlich Mitte der siebziger Jahre aufgetaucht. Sie kam von nirgendwoher, aus der Nacht. Die Maiunruhen von 68, die Desillusionierung über die gesellschaftlichen Verhältnisse, all das hatte sie übersprungen; wie er später sagen wird, waren die Straßendemonstrationen völlig spurlos an ihr vorübergegangen. Diese »Sippe« wärmte sich statt dessen am kalten Licht der Neonröhren obskurer Kneipen, ihr Lebenselixir waren Substanzen, von denen die Ärzte eher abrieten. Sie hatte die Waisenkinder der kommenden Apokalypse adoptiert, Sid Vicious und Mad Max. Sie berauschte sich an absoluten Phonzahlen und an den ersten synthetischen Bildern, und die einzigen Ausdrucksformen, die sie anerkannte, waren die der Unmittelbarkeit: das Live-Konzert, das Polaroid-Foto, der Videoclip. Ihr Aufbruch aus der Nacht führte sie auf Initiationsreisen durch die ganze Welt. Ein weiteres Zeichen der Zeit: Starck hat, genau wie seine Freunde Garouste oder Mondino, eine kosmopolitische Ader; sein Renommee kennt keine Grenzen. Und er stellt sich diesem Ruhm. Als genialer Schauspieler – bzw. Schmierenkomödiant – antwortet er auf alle Fragen, in allen Situationen. Hinter dieser permanenten Verfügbarkeit steckt keinerlei Strategie, keine vorsätzliche Überlegung, vielmehr Verantwortungsgefühl, das Bewußtsein, »zwei oder drei kleine Ideen« zu besitzen und auch das Mittel, sie auszudrücken, eine Fähigkeit, die nicht zu gebrauchen ein Fehler wäre. Sich zurückzuziehen, wie man es ihm oft geraten hat, wäre für ihn eine »tödliche Strategie«. Und es wäre höchst bedauerlich. Denn Starck weiß mit Worten umzugehen, er liebt das Anekdotische, besitzt die Gabe der Verkürzung und des treffenden Bildes. Er schert sich nicht um die Finessen der Rhetorik und schreckt nicht vor der Trivialität zurück, wenn sie nur wirkungsvoll ist, noch scheut er die grobe Aussage, solange sie der Sache gerecht wird. Starck nennt die Dinge beim Namen. Dies wäre nicht weiter von Belang, erwiese sich sein bisweilen verschwommenes Denken in der Praxis nicht als äußerst subversiv.

Starck glaubt ganz offenkundig nicht an die Revolution und mißtraut jeder Theorie mit globalem Anspruch. Er glaubt auch nicht an Gott, obwohl (oder weil) seine Erziehung religiös war – vielleicht sogar jesuitisch, er ist sich da nicht so sicher. So hat er sich eine pragmatische Ideologie zurechtgezimmert, einen kleinen Privatglauben für den Eigenbedarf auf der Grundlage einiger al-

Kreidezeichnung, undatiert
Chalk drawing, undated
Dessin à la craie, non daté

voured decibels and the first synthetic pictures; their favoured forms of expression were nothing if not immediate: the live concert, the polaroid image, the video-clip. When they left the night for the day they went travelling round the world. All their trips were trips of initiation. They came back with their horizons extended and their imaginations expanded. Starck, like his cronies Garouste and Mondino, has a cosmopolitan vein – another sign of the times. An actor – or ham – of genius, he answers every question, in every situation. For Starck has a way with words, the taste for a good story, a gift for the pithy phrase and the striking image. He is not bothered by the *finesses* of rhetoric, and shrinks neither from triviality if it is effective nor from vulgarity if it is apt. Starck calls a spade a spade, which would be of no great import if his sometimes nebulous thoughts were not, in practice, subversive through and through.

Quite obviously, Starck does not believe in revolution and mistrusts all universal theorizing. Nor does he believe in God, although (or perhaps because) he had a religious upbringing – maybe even a Jesuit one, he's not sure. He has constructed for himself a pragmatic ideology, a pocket religion based on a

désarrois de mai 68, de la désillusion du social. Comme il le dira plus tard, les manifestations de rue la laissaient de marbre. Elle brûlait sa vie dans des antres sombres au feu des éclairs de néon et des substances déconseillées par le corps médical. Elle avait adopté les orphelins de l'apocalypse future, Sid Vicious et Mad Max. Elle absorbait voracement les décibels et les premières images synthétiques et n'avait d'expression qu'immédiate: le concert «live», le polaroïd, le clip. Lorsqu'elle quitta la nuit pour le jour, elle s'en alla parcourir le monde: tous les voyages sont initiatiques. Elle en revint avec des horizons et un imaginaire élargis. Starck, comme ses potes Garouste ou Mondino, a la fibre cosmopolite, un autre signe des temps. Sa renommée n'a pas de frontières. Et puis, il ne s'y dérobe pas. Acteur – ou histrion – génial, il répond à toutes les questions, en toute circonstance. Nulle stratégie, ni préméditation dans cette disponibilité constante. Mais le sens d'un devoir, la conscience de disposer de «deux ou trois petites idées» et d'un moyen d'expression, et que n'en pas faire usage serait une incorrection. Se faire rare, comme on lui a souvent conseillé, ce serait une «stratégie de mort». Et ce serait grand dommage. Car Starck a le sens des mots, le goût de l'anecdote, le don du raccourci et de l'image qui frappe. il ne s'embarrasse pas des fleurs de la rhétorique et ne craint ni la trivialité si elle est efficace ni le trait grossier s'il est juste. Starck appelle un chat, un chat. Ce qui serait de peu de portée si sa pensée aux contours parfois nébuleux ne s'avérait à l'usage fondamentalement subversive. Starck, manifestement, ne croit pas à la révolution et se méfie de toute théorie globalisante. Il ne croit pas non plus en Dieu, bien que (ou parce que) son éducation fut religieuse, peut-être même jésuite – il n'en est pas sûr –, alors, il s'est fabriqué une idéologie pragmatique, une petite foi de poche à base de quelques vieux concepts humanistes qui ne sont pas forcément usés jusqu'à la corde.

D'abord, il y a le progrès. Un mot «quasiment irracontable, une sorte de rêve de l'amélioration perpétuelle du monde, une folie romantique». Cette fantaisie, chez Starck, est bien enracinée et renforcée de l'idée fixe de «servir», d'être utile à son prochain. Cette position de missionnaire aurait, en d'autres temps, été investie par quelque grande cause: la Croisade ou la Révolution. Dans une époque à la fois plus sceptique et plus exigeante de résultats concrets, Starck se contente de répandre une multitude de petits bienfaits avec une générosité rendue modeste par l'humour et la dérision dont il la teinte. Dans ce sens, il offre sans doute plus d'un point commun avec l'un de ses contemporains, baladin féroce et grand cœur qui fut proche de sa tribu: Michel Colucci, dit Coluche.

Starck est designer et architecte. Ce n'est pas le fruit d'une vocation. Son père était avionneur et inventeur: bébé Starck a patouillé dans des épures de CX et des esquisses d'empennage d'avion. Un ami de sa mère, évêque ca-

Bleistiftzeichnung, undatiert
Pencil drawing, undated
Dessin au crayon, non daté

few old humanist concepts not yet necessarily threadbare with constant use.

First of all, progress. A word which »virtually defies definition, a sort of dream of the perpetual improvement of the world, a romantic folly«. This fantasy, in Starck's case, has deep roots, and is reinforced by an obsession with »service«, of being useful to one's fellow man. Such a missionary attitude would, in another age, have been conscripted to the service of some great cause – the Crusade or the Revolution. But in an era at once more sceptical and more demanding of tangible results, Starck is content to spread a multitude of little benefits with a generosity rendered modest by humour and by the mockery with which he invests it. In this sense, he has more than one thing in common with one of his contemporaries, the wild buffoon and great-hearted character who was close to his tribe, Michel Colucci, known as Coluche.

Starck is a designer and an architect. This is not the fruit of any vocation. His father was an aviator and inventor. Baby Starck crawled amongst piles of blueprints for wing-sections and tail-assemblies. A friend of his mother's, an Albigensian (!) bishop and a man of foresight, convinced in the face of the

ter humanistischer Ideen, die ihre Gültigkeit noch nicht unbedingt völlig verloren haben.

Da wäre zunächst der Fortschritt. Ein Begriff, der sich »praktisch überhaupt nicht fassen läßt, so etwas wie ein Traum von der permanenten Verbesserung der Welt, eine romantische Spinnerei«. Diese Phantasievorstellung steht bei Starck in ganz engem Zusammenhang mit der fixen Idee, zu »dienen«, seinem Nächsten nützlich zu sein. Eine solch missionarische Haltung wäre zu anderen Zeiten fraglos für irgendeine große Sache ausgeschlachtet worden: für einen Kreuzzug oder für die Revolution. In einer Epoche, die nicht nur skeptischer, sondern in bezug auf die konkreten Resultate auch anspruchsvoller ist, begnügt Starck sich damit, seinen Mitmenschen eine Vielzahl kleiner Wohltaten zu bescheren, und zwar mit einer Freizügigkeit, die durch den Humor und den Spott, worin er sie kleidet, bescheiden wird. In dieser Hinsicht weist er manche Gemeinsamkeit mit einem Zeitgenossen auf, der seiner »Sippe« nahestand: dem wilden Possenreißer und herzensguten Menschen Michel Colucci, genannt Coluche.

Starck ist Designer und Architekt. Nicht etwa, weil er sich von vornherein dazu berufen gefühlt hätte. Sein Vater war Flugzeugbauer und Erfinder; als Baby ist Starck in Bergen von Aufrißzeichnungen für die »CX« und von Entwürfen für Flugzeugleitwerke herumgekrabbelt. Ein Freund seiner Mutter, Katharer-Priester (!) und Hellseher, den die Widersprüchlichkeit des Jünglings zu der Überzeugung brachte, daß die Kutte eben doch den Mönch ausmache, beschloß, er solle Dekorateur werden. Damit war ein Schicksal vorgezeichnet. Zumindest beinahe: Denn Starck hatte es nicht besonders eilig, voranzukommen. Häufig spricht er – nicht ohne Koketterie – von der Karriere eines Faul-

pelzes, der gerade mal ein bißchen zeichnen konnte, von seiner Einsamkeit in der Jugend, als er mit Cliquen durch die Gegend zog oder auf öffentlichen Bänken herumlungerte, davon, daß es ihm an Anleitung fehlte, daß er sich selbst überlassen blieb. Hier hätte vielleicht, wie Fermigier in bezug auf Picasso sagte, »die Psychoanalyse ein Wörtchen mitzureden, aber da wir nichts von der Sache verstehen, überlassen wir die Untersuchung lieber Leuten, die kompetenter sind als wir«. Reizvoller wäre es da schon, zu ergründen, woher jemand, der von sich selbst behauptet, er habe kein Gedächtnis, der gegen seine Ausbildung rebelliert – »in der École Camondo eingeschrieben ist, aber nicht hingeht« –, seine unbestreitbaren Fähigkeiten nimmt und wieso er gleich von Anfang an jene Meisterschaft an den Tag legt, die ihn berühmt gemacht hat. Als wollte er sich dafür entschuldigen, verweist Starck in diesem Zusammenhang auf seine Intuition, auf seine Begeisterung für die Technik, auf die Lektüre von populärwissenschaftlichen Zeitschriften. Das allein würde freilich als Erklärung bei weitem nicht ausreichen. Hinzu gesellen sich bei ihm eine hemmungslose, niemals erlöschende Neugier, ein ständiges radarartiges Abtasten seiner Umwelt, eine überaus sinnliche Art der Kenntnisnahme und Aneignung von Gegenständen, die Fähigkeit, Zeitströmungen in sich aufzusaugen und aus ihnen fragmentarische Informationen und kleine Zeichen herauszufiltern, die zusammengenommen ein höchst reichhaltiges und vielfältiges Substrat ergeben. Es ist durchaus möglich, daß Starck sich keines Systems und keiner methodischen Ansätze bedient, auf die seine Vorgänger so versessen waren. Seine Methode, so sie denn eine ist, wäre rein intuitiv und absolut empirisch. Einen Schlüssel hierzu liefert Starck vielleicht selbst, wenn er

youth's ambiguity that the cowl does make the monk after all, decided that he should become a decorator. And thus his fate was sealed. Or almost. Starck often speaks – not without a hint of a tease – of his sluggish approach to his career: an idle fellow who happened to be able to draw a little, of the loneliness of his youth, traipsing around with the gang or lazing on park benches, how he lacked any guidance and was left to his own devices. Here perhaps, as Fermigier said of Picasso, »was a case for psychoanalysis, but as we know nothing of the matter, we leave the examination to people more competent than ourselves«. It would be more intriguing to get to the bottom of the mystery of someone who claims to have no memory, who rebelled against his apprenticeship, who »enrolled in the Ecole Camondo, but never turned up there", realised he had indisputable talents and from the very outset proved he had the skills for which he is known. As if to excuse himself, Starck points to his intuition, to his enthusiasm for technology, his reading of popular-scientific magazines. There is also in him an avid, unsleeping curiosity, a way of sweeping the scene like a radar scanner, of taking intimate note of objects around him, using all his senses in the process, an ability to sniff the atmosphere of the time for fragmentary items of information, little signs which taken together produce a richly diverse substratum. It is quite possible that Starck uses no system, none of the methodological approaches with which his predecessors were so obsessed. His method, if one can call it that, is purely intuitive and radically empirical. Perhaps Starck provides one clue when he relates the indi-

thare (!) et homme de prescience, convaincu devant l'ambiguïté de l'éphèbe que l'habit fait le moine, décida qu'il serait décorateur. Et voici un destin tracé. Ou presque. Car Starck a pris la route en traînant les pieds. Il évoque souvent, non sans coquetterie, sa carrière de cancre, tout juste doué en dessin, sa solitude d'adolescent traînant en mob' ou sur des bancs publics, l'absence de conseil, l'abandon. Ici, comme disait Fermigier à propos de Picasso, «la psychanalyse aurait peut-être son mot à dire, mais comme nous n'endendons rien à l'affaire, nous en abandonnons l'exploration à des gens plus compétents que nous». Ce qui est plus intriguant, ce sont les arcanes à travers lesquels un individu, qui se prétend sans mémoire, rebelle à l'apprentissage, «qui fait l'école Camondo, mais n'y va pas», se trouve en possession de compétences incontestables et fait preuve, dès ses premiers pas, de la maîtrise qu'on lui connaît. Starck, comme pour s'en excuser, évoque son intuition, le goût de la technique, la lecture de revues de vulgarisation scientifique. Ce serait peu. Il y a une curiosité avide et sans cesse en éveil une manière constante de balayer tel un radar, de prendre connaissance intime des objets par tous les sens, de humer l'air du temps et d'y recueillir des informations fragmentaires et des petits signes qui s'emmagasinent pour former un substrat riche et divers. Il est bien possible que Starck n'use d'aucun système, d'aucune des méthodologies dont ses prédécesseurs furent tellement friands. Sa méthode, s'il en est une, serait intuitive et radicalement empirique. Starck en livre peut-être une des clés lorsqu'il conte la manière détournée dont il sacrifie à une superstition – la seule – héritée de ses parents, celle de toucher du bois pour conjurer le mauvais sort: «au lieu de mettre le clignotant, d'arrêter la moto, d'ôter le casque et les gants, de toucher un arbre puis de procéder aux opérations inverses et de repartir, ce qui était un peu ridicule, je me suis entraîné à pénétrer par l'esprit dans la texture du bois. Au début, j'entrais dans des bois flottés, les plus friables. Je me suis avisé que ces bois pourris ne constituaient pas une bonne référence pour cette superstition et j'ai choisi des bois nobles, l'ébène… des bois durs avec leurs micro-cellules et leurs petites bulles… en fait, j'exécute ce voyage dans toutes les matières, à l'exception des dernières matières de synthèse qui me sidèrent dans leur complexité.» Dans ce voyage microscopique, il y aurait un brin de zen, ou du remords peut-être de l'Orphée des Métamorphoses devant le sort des femmes thraces transformées en arbres. Si on y ajoute les prostrations, les siestes cloîtrées, les états de demi-veille et de songe, on comprend que Starck, à l'instar des grands paresseux, travaille en permanence, que son cerveau – son «petit ordinateur personnel» – processe, non-stop, des informations pour disposer d'un stock de réponses «semi-finies» adaptables à des questions plus précises, ce qui expliquerait la brièveté de ses délais de réponse et la diversité des champs qu'il aborde.

rect manner in which he still pursues a superstition – the only one – which he inherited from his parents, namely that of touching wood to turn away an evil outcome: »Instead of indicating, stopping the bike, taking off my helmet and my gloves before touching the tree, and then performing all these operations in the reverse order before setting off again, which would be somewhat ridiculous, I have trained myself to enter spiritually into the texture of the wood. At first it was driftwood I penetrated – that's the most crumbly. But then it occurred to me that this rotten wood wasn't really an appropriate medium for the exercise of the superstition, so I progressed to tropical hardwoods, ebony for instance, with their micro-vessels and little bubbles; in fact I made this pretend journey through the whole gamut of materials, with the exception of the latest synthetics, in the face of whose complexity I finally had to surrender.« In this microscopic journey there may well be a hint of Zen or perhaps even of the qualms of conscience felt by the Orpheus of Ovid's Metamorphoses when confronted with the fate of the Trachian women turned into trees. If one adds to this the periods of total exhaustion and the states of semi-wakefulness and of dreaming, one can understand how Starck, like many great exponents of slothfulness, in fact never stops working, and that his brain, which he calls »my little personal computer«, is on-line non-stop, processing information in order to create a database of »semi-finished« answers, adaptable to more precise questions. This would explain both his quickness of response and the diversity of the fields which he is prepared to cover.

erzählt, wie er auf indirekte Weise einem Aberglauben fröne – dem einzigen –, den er von seinen Eltern geerbt habe, nämlich auf Holz zu klopfen, um etwas zu beschwören: »Anstatt die Blinkanlage einzuschalten, das Motorrad anzuhalten, den Helm abzunehmen, die Handschuhe auszuziehen, einen Baum zu berühren, dann dasselbe in umgekehrter Reihenfolge noch einmal zu machen und wieder loszufahren…, hab' ich trainiert, mich geistig in die Textur des Holzes zu versetzen. Am Anfang drang ich in Floßhölzer ein, in die faserigsten. Dann fiel mir ein, daß diese morschen Hölzer für einen solchen Aberglauben nicht besonders gut geeignet wären, und so verlegte ich mich auf Edelhölzer, auf Ebenholz…, auf Harthölzer mit ihren Mikrozellen und Bläschen… Diese Reise unternehme ich tatsächlich in allen Materialien, mit Ausnahme der letzten synthetischen Stoffe, vor deren Komplexität ich einfach kapituliere.« In dieser mikroskopischen Reise steckt möglicherweise ein Hauch von Zen oder vielleicht auch etwas von den Gewissensbissen des Orpheus aus den Ovidschen »Metamorphosen« angesichts des Schicksals der in Bäume verwandelten thrakischen Frauen. Wenn man zudem noch seine Phasen der absoluten Erschöpfung berücksichtigt, die Siesten, die er in völliger Zurückgezogenheit zu halten pflegt, die Zustände des Halbwachens und Sinnierens, dann begreift man, daß Starck – wie viele bedeutende Faulenzer – in Wirklichkeit permanent arbeitet, daß sein Hirn, sein »kleiner PC«, wie er es nennt, pausenlos Informationen verarbeitet, um einen Vorrat an »halbfertigen« Antworten zu speichern, welche sich auf präzisere Fragen anwenden lassen: So ließen sich die kurzen Zeitspannen für seine Antworten erklären wie die Vielseitigkeit der Bereiche, in denen er tätig ist.

Französischer Erfindergeist

Aus Starcks Konzeptionsweise läßt sich ohne weiteres folgern, daß es wenig Zweck hat, seine Möbel und Objekte nach dem Zeitpunkt ihrer Entstehung zu bestimmen: Manche von ihnen, die neueren Datums sind, basieren möglicherweise auf Entwürfen, die schon Jahre zuvor in ihm gereift waren. Gleichwohl lassen sich in seinem Schaffen bestimmte Themenbereiche mit fließenden Übergängen und bestimmte Rangordnungen des Interesses ausmachen, die sich im Laufe der Zeit herauskristallisiert haben. Diese könnten immerhin einen Ansatz bieten, der es erlaubt, die Gesamtheit seiner zahlreichen und vielfältigen Konzepte, Möbel und Objekte ein wenig zu systematisieren.

Starck bestreitet nicht, von seinem Vater die Faszination für den »französischen Erfindergeist« geerbt zu haben: Die Begeisterung für die Technik und das Gefühl, daß man geradezu die Pflicht habe, um jeden Preis innovativ zu sein, den »Esprit Citroën«, wie er es nennt, die feste Überzeugung, »daß es besser ist, einen kreativen Fehler zu machen, als ein geschmackvolles, aber stagnierendes Œuvre zu schaffen«. Ein weiterer Anspruch, dem Starck sich als Designer verpflichtet fühlt, ist die Idee der Dienstleistung, die ja, was man nicht vergessen darf, seit den Anfängen der Diziplin immer mehr vernachlässigt wurde. Doch Starck – entspricht es seinem Temperament, oder liegt es an der Epoche? – hat es problemlos geschafft, das französische Design von seinem schlechten Gewissen zu befreien, von seiner Zwitterstellung zwischen den Bedürfnissen des Konsumenten und den Erfordernissen der Produktion. Mit einem Starck-Objekt ist allen gedient, inklusive dem Produzenten. Das bringt Geld. Aber nicht auf irgendeine beliebige Weise. Ein Starck-Objekt – und das hat etwas mit Flugzeugbauweise zu tun

The Inventive Frenchman

From Starck's mode of conception, it can easily be deduced that there is hardly any point in trying to date his furniture and his other objects. Many of more recent date may quite possibly be based on designs which have been in gestation for years. However, it is possible to discern, in his output, certain shifting fields and hierarchies of interest which evolve with time to allow a clearer insight into the diversity of the numerous concepts, objects and items of furniture which he has created.

Starck does not deny having inherited from his inventor father a fascination with »the inventive Frenchman«, a taste for technology and a sense of the duty to innovate at any price: »the Citroen spirit«, as he puts it, the firm conviction »that it's better to make a creative mistake than a stagnant work in good taste.« A second raison d'être for Starck as designer is the idea of service – which has led a grovelling existence ever since the field of design first came into its own. But in Starck's case – whether by reason of his own temperament, or perhaps in consequence of the changing times – there has been no difficulty in eliminating the bad conscience of French design, resulting from its sitting on the fence between the claims of producer and consumer. A Starck item is in everybody's interest, including that of the producer. And it pays. But not just anyhow. A Starck design – and one can see the aviator behind all this – is light, economical in its use of energy and materials all the way from production to consumption, via the stages of packaging and transport. Basically all this would be no more than what a »good« designer from a traditional school should take for granted:

L'ingénieux Français

Du mode de conception de Starck, on déduit sans peine qu'il n'y a guère de sens à dater ses meubles et ses objets: tel ou tel d'entre eux, dessiné ou produit de fraîche date, a pu rester «tapi dans l'ombre» depuis des années. On peut cependant distinguer des champs mouvants et des hiérarchies de préoccupations qui évoluent dans le temps pour tenter d'y voir plus clair dans une production de concepts, de meubles et d'objets nombreux et divers.

Starck ne se défend pas d'avoir hérité de son inventeur de père la fascination de «l'ingénieur français», le goût de la technique et le sens du devoir d'innover à tout prix, «l'esprit Citroën» comme il dit, l'idée ancrée «qu'il vaut mieux commettre une erreur créative qu'une œuvre de bon goût stagnante». Une seconde raison d'être de Starck designer, c'est l'idée de service. Mais Starck – est-ce son tempérament, ou est-ce l'époque? – a liquidé sans peine la mauvaise conscience du design français, le cul posé entre deux chaises, entre le consommateur et la production. Un objet Starck, ça rend service à tout le monde, producteur inclus. Ça fait marcher la planche à billets. Pas n'importe comment. Un objet Starck – il y a de l'avionneur derrière tout ça –, c'est léger, économe en matière et énergie, de la production à la consommation en passant par l'emballage et le transport. Tout cela, au fond, ne serait que l'arsenal décent d'un «bon» designer formé à une école traditionnelle: de la technique, du dévouement et de l'économie. Là où Starck opère sa différence, c'est sans doute dans sa conscience même d'être différent, d'avoir échoué dans ce métier presque par hasard et d'y être demeuré «par paresse et par lâcheté», par un pur besoin de s'exprimer qui se serait peut-être trouvé aussi bien dans d'autres domaines, la politique, l'architecture (il y viendra), les automobiles ou l'avion. Ce sentiment d'un décalage fondamental lui confère une formidable décontraction, une irrévérence absolue et un goût du jeu, de l'amusement même qui est presque incongru dans une discipline où, il faut bien l'avouer, on se prend terriblement au sérieux. Les objets de Starck ont de l'humour, voire de l'esprit. C'est que le vieux dilemme opposant le duo matériau/technique à la forme a été étouffé dans l'œuf: Starck fait de la technique un élément de la représentation et du spectacle une performance technique. Le magicien joue à tirer des ficelles différentes, à surprendre, à cacher ou dévoiler alternativement les trucs dont il use pour assigner à ses objets un rôle et les doter d'une vie autonome. Et ce n'est pas un hasard s'il les baptise, sauf exception, de noms de personnages de roman, empruntés pour la plupart aux ouvrages de science-fiction de Philip K. Dick (on y reviendra).

Starck aime s'émerveiller et émerveiller les autres. Son mode de conception de meubles et d'objets passe ainsi par ce qu'on appelle dans les chemins de fer le triage par gravité. Chez Starck, la perte de la gravité s'opère dans les deux sens du terme: supprimer l'effet de poids, refuser l'esprit de sérieux, deux vo-

technology, dedication and economy. What makes Starck different is his consciousness of actually being different: of having landed up in this trade almost by chance, and of having stayed in it »out of cowardice and sloth«, out of a need for self-expression which might have found its outlet in other fields, for example politics, architecture (that was to come), cars or aircraft. This feeling that everything could have turned out quite differently is what gives him this sense of self-deflation, his total irreverence, and a spirit of playfulness, frivolity even, in a field where – it has to be admitted – everyone takes himself so terribly seriously. Hence the incongruity. Starck's objects are characterized by humour and wit. The ancient dilemma of the contradiction between the materials/technology duo on the one hand, and form on the other, has been strangled at birth, or before. Starck makes technology an element of display, and spectacle into a technical performance. A conjuror, he employs various sleights of hand to take us by surprise, to conceal and to reveal by turns the tricks he uses to assign a role to his objects and to breathe independent life into them. It is no coincidence that without exception he christens these objects with names of characters from novels, taken for the most part from the science fiction works of Philip K. Dick (to whom we shall return). They had to be brought to life: that was the point.

Starck likes to astound. He likes to amaze himself and to amaze others. There are at least two things that amaze Starck: the force of gravity and the play of appearances. The manner in which he dreams up furniture and objects thus proceeds through a stage of what rail-

– ist leicht, sparsam im Material wie im Energieaufwand, von der Produktion über die Verpackung und den Transport bis hin zum Konsum. Im Grunde wären das alles nichts weiter als Selbstverständlichkeiten, wie man sie von der Arbeitsweise eines »guten«, an einer traditionellen Schule ausgebildeten Designers erwarten würde: Technik, Hingabe, Ökonomie. Was Starck nun von anderen unterscheidet, ist ohne Zweifel das Bewußtsein des Andersseins, das Bewußtsein, daß es ihn eher zufällig in dieses Metier verschlagen hat und er eigentlich nur »aus Faulheit und Feigheit« dabeigeblieben ist. Sein absolutes Bedürfnis, sich auszudrücken, hätte er vielleicht genausogut in irgendeinem anderen Bereich entwickeln können: in der Politik, der Architektur (der er sich später zuwandte), dem Automobil- oder Flugzeugbau. Dieses Gefühl, daß im Grunde alles auch ganz anders hätte kommen können, verleiht ihm eine ungeheure Lockerheit, eine absolute Respektlosigkeit, eine Lust am Spielerischen, am Amüsement, wie sie für eine Disziplin, in der man sich bekanntermaßen wahnsinnig ernst nimmt, nahezu ungehörig ist. Die Objekte von Starck besitzen Humor, ja Esprit. Denn das alte Dilemma des Widerspruchs zwischen Materialien/Technik und Form ist bei ihm schon im Keim erstickt worden: Starck macht aus der Technik ein Element der Repräsentation und aus dem Spektakel eine technische Darbietung. Dieser Zauberer arbeitet mit vielerlei Tricks: Er zieht an verschiedenen Fäden, er überrascht. Mal kaschiert, mal enthüllt er die Details, die er verwendet, um seinen Objekten eine Rolle zuzuweisen und ihnen eine autonome Existenz zu verschaffen. So ist es sicher kein Zufall, wenn er ihnen, von Ausnahmen abgesehen, Namen literarischer Figuren gibt, die zum größten Teil den Science-fiction-Romanen von Philip K. Dick entlehnt sind. Entscheidend ist, daß seine Objekte belebt werden.

Starck liebt es, seine Mitmenschen zu verblüffen. Er selbst läßt sich gerne faszinieren, und genauso gerne fasziniert er die anderen. Mindestens zwei Dinge gibt es, die Starck verblüffen: die Schwerkraft und das vielfältige Spiel der Erscheinungen. So geht er bei der Konzipierung seiner Möbel und Objekte nach einem Verfahren vor, das man im Versandwesen »Sortierung nach Gewicht« nennt. Bei Starck vollzieht sich der Gewichtsverlust im doppelten Wortsinn: durch die Aufhebung der Schwerewirkung und die Ablehnung des Seriösen, wobei die beiden Intentionen von Projekt zu Projekt einander abwechseln bzw. miteinander kombiniert werden. Bereits zu Anfang seiner Karriere, als er noch mit aufblasbaren Objekten experimentierte, hat er zwei bemerkenswerte Stücke produziert: zwei Leuchten, die durch eine mit Helium gefüllte Folie in der Schwebe gehalten werden (sie sind freilich über das Stadium des Prototyps nicht hinausgekommen). Bei der einen handelt es sich um einen Ectoplasma-Sack mit einer Glühbirne und einer »Nabelschnur« – das einzige, woran man sie als Lampe erkennen kann –, die andere ist eine in einem Kissen versteckte Neonröhre. Mit dieser Umsetzung der Idee des Schwebens und der Leichtigkeit beginnt eine lange Reihe von Recherchen und Experimenten, von technischen – nicht stilistischen – Übungen in Schwerelosigkeit, Faltbarkeit, Gleichgewicht, die immer von einfachen paradigmatischen Situationen ausgehen. So bildet etwa der Angler-Klappsitz die Grundlage für die Weiterentwicklung verschiedener Variationen, von der schlichtesten bis zur ausgeklügeltsten: Starck kaschiert den Klappmechanismus, um einem Stuhl die fehlende Noblesse zu verleihen, ein anderer wiederum erhält

waymen call loose shunting. In Starck's case loss of gravity operates in both senses of the term: weightlessness, and playfulness, two goals which alternate or else combine from project to project. During the first inarticulate phase of his active career, while he was still experimenting with inflatables, he produced two remarkable items: two lamps (which admittedly did not get beyond the prototype stage) kept hovering in the air by a pocket of helium. One took the form of an ectoplasm sac containing a lightbulb, betrayed only by its umbilical cord; while the second was a fluorescent tube wrapped in a cushion. This idea of floating, associated as it is with weightlessness, marked the beginning of a long series of researches and experiments, of exercises not in style but in the technology of lightening, of folding, of balance, all starting from simple, in other words: paradigmatic, situations. Thus the angler's folding stool serves as the basis for a whole chain of further variations, from the most basic to the most sophisticated. Starck conceals the folding mechanism to give the chair the air of nobility which it previously lacked, while upon another he throws a cover which gives it its shape. As for shelves, he reduces their structure to pure lines of force. Tables are given a variable geometry, craftily collapsing so as »to fit into the boot of a car.« Chairs become tripods »because the fourth leg is otiose.« Aesthetic considerations fly out of the window: the immediate presence of technology and its mystery combined provokes astonishment (»How does it work?«) or perplexity (»How does it hold together?«), aiming exclusively at »the seduction of the in-

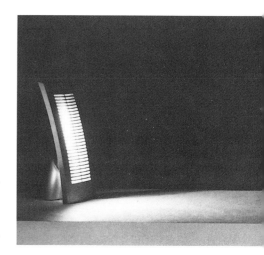

Philippe Starck und/ and/ et »Ray Menta«, um/ circa/ vers 1988
Photo: Eric Feinblatt

lontés qui s'alternent et se combinent au fil des projets. Dès les balbutiements de sa vie active, alors qu'il est encore mêlé à l'aventure des gonflables, il a produit deux objets remarquables, deux lampes – demeurées à l'état de prototype – qu'une poche d'hélium tient en suspension dans l'air: l'une, sac ectoplasme contenant une ampoule et que seul dénonce son cordon ombilical, et l'autre, un tube néon enfermé dans un coussin. Cette idée du flottement associé à la légèreté est à l'origine d'une longue série de recherches et d'expérimentations, d'exercices non de style mais de technique sur l'allégement, le pliage, l'équilibre, à partir de situations simples, voire paradigmatiques. Le pliant de pêcheur par exemple va servir de base à un enchaînement de variations, de la plus frustre à la plus sophistiquée: Starck dérobe le mode de pliage pour donner à une chaise le quartier de noblesse qui lui faisait défaut, jette sur une autre la housse qui lui donne corps. Il réduit la structure des étagères à une pure ligne de force. Les tables adoptent des géométries variables, se plient astucieusement «pour entrer dans un coffre de voiture». Les sièges se font tripodes «parce que le quatrième pied est

redondant». Aucune recherche esthétique: l'évidence de la technique et son
mystère réunis provoquent l'étonne-
ment («comment ça marche?») ou la
perplexité («comment ça tient?») et vi-
sent exclusivement à la «séduction de
l'intelligence». A l'orée des années quatre-vingt, Starck a produit une éton-
nante série de produits avec un insuccès plus étonnant encore: personne
n'en veut. Il tente de s'éditer lui-même,
en essuie l'échec logique. Il faudra une
intervention providentielle pour le sau-
ver en faisant de lui un designer italien.
Nul n'est prophète . . .
Ces objets articulés et filiformes dans la
finesse de leur recherche technique n'é-
taient pas neutres. Ils disaient: «quel-
que-chose-se-passe-ici-mais-je-ne-sais-
pas-quoi». Ils faisaient signe. Au début
de la décennie 80, – est-ce la commande
pour l'Elysée qui réclame un surcroît de
pompe ou simple coïncidence? – Starck
redouble les signes convenus de la modernité: l'alumunium moulé prend des
formes aérodynamiques (immobiles).
Des signes «purs» font leur apparition,
des objets futiles, que Starck nomme
ses «drapeaux»: un fauteuil non pour
s'y asseoir mais pour y jeter un man-
teau, une chaise pour y poser un réveil-

telligence«. In the early eighties, Starck
produced an amazing series of products
whose lack of success is yet more amazing. No one wanted them. He tried to
distribute them himself, and predict-
ably enough failed in the attempt. The
intervention of Providence was needed
to save him: it did so by turning him into
an Italian designer. In his own country
the prophet is nothing . . .
These jointed, thread-like objects with
their highly skilled technology were not
neutral; they were saying: »some-
thing's - going - on - here - but - I - don't -
know - what.« They were giving a sign.
At the beginning of the eighties – was it
the commission for the Elysée, requir-
ing an excess of pomp, or was it pure
coincidence? – Starck redoubled the
conventional signs of modernity: cast
aluminium took on aerodynamic (im-
mobile) forms. »Pure« iconic features
made their appearance, futile objects,
which Starck calls his »flags«: an armchair not for sitting in but for throwing
one's coat over, a chair to put a radio
alarm-clock on, or a bed-end TV-set.
Next, decorative details start to appear:
tablelegs actually shaped like legs, fins
on the removable plinth, a narwhal horn
on the back of an armchair . . . In place of
the aloof frivolity of the service objects,
there appear the baroque temptations
discernible for example in the furniture
for Jack Lang or the *Lola Mundo* chair,
whose gilded splendour with its pink
nipples seems to be made for an atten-
dant at the Escorial sitting in it: »Philip II
was a frightening thing . . .« However,
this latent irony was made explicit, the
most perfect example being the *Richard
III*: the club armchair, the archetype of
prosperous middle-class comfort, finds
itself moulded in plastic, open at the

durch den Bezugsstoff seine Form. Die
Struktur von Regalen reduziert er auf
eine reine Kraftlinie. Seine Tische nehmen variable Geometrien an, lassen
sich so raffiniert zusammenklappen,
»daß sie sogar in den Kofferraum eines
Autos hineinpassen«. Seine Stühle werden zu Dreibeinern, »denn das vierte
Bein ist sowieso überflüssig«. Ästhetische Überlegungen spielen dabei keine
Rolle: Die unmittelbare und doch geheimnisvolle Präsenz der Technik löst
Erstaunen aus (»Wie funktioniert das?«)
bzw. Verblüffung (»Wie hält das?«) und
zielt ausschließlich auf die »Verführung
der Intelligenz« ab. Zu Beginn der achtziger Jahre hat Starck eine erstaunliche
Palette von Produkten entworfen – mit
einem Mißerfolg, der noch erstaunlicher ist: Niemand will die Sachen. Er versucht, sie selbst zu vertreiben, und
scheitert zwangsläufig damit. Etwas
Unvorhergesehenes muß eintreten, um
ihn zu retten: Er wird italienischer Designer. Im eigenen Lande gilt der Prophet
nichts.
Starcks feingliedrige, schlanke und
technisch höchst ausgefeilte Objekte
der frühen Jahre waren keineswegs
neutral. Sie sagten: »Irgendwas pas-
siert hier, aber ich weiß nicht was.« Sie
gaben Zeichen. Seit Beginn des vergan-
genen Jahrzehnts – ist es der Auftrag
für das Élysée, das größeren Pomp ver-
langt, oder schlichte Koinzidenz? –
greift Starck die konventionellen Zeichen der Moderne wieder auf. Das Gußaluminium nimmt aerodynamische (im-
mobile) Formen an. »Reine« Zeichen
tauchen auf, Objekte der Beliebigkeit,
die Starck als seine »Flaggen« bezeich-
net: ein Sessel, der nicht zum Sitzen da
ist, sondern dazu, einen Mantel dar-
überzuwerfen; ein Stuhl, gedacht als
Ablage für einen Radiowecker, oder einen Fernseher am Kopfende des Bet-
tes . . . Dann entstehen dekorative Details: Tischbeine mit »Waden«,

Lola Mundo, 1986
Stuhl – Hocker / Chair – stool / Chaise – tabouret

Schwimmflossen an einem Tischuntergestell, ein Narwal-Horn an der Rückseite eines Sessels... An die Stelle der distanzierten Leichtigkeit der Service-Objekte tritt eine Neigung zum Barocken, die man an den Möbeln für Jack Lang oder am Stuhl *Lola Mundo* ausmachen kann, dessen mit rosa Noppen versehene Pracht wie geschaffen scheint für den Sitz eines Hüters des Escorial: »Philipp II. war etwas Schreckliches...« Währenddessen wurde die latente Ironie explizit, wofür *Richard III* das vollendetste Beispiel liefert: Der Clubsessel, Archetyp gepflegter Bürgerlichkeit, besteht aus einer ganz leichten, auf der Rückseite offenen Polyester-Schale. Nur noch die Vorderansicht erinnert an seine eigentlichen Ursprünge: ein Monument der Verlogenheit. Daher sicher auch der Name des königlichen Bastards, den Starck dem Stuhl gegeben hat – wenn er damit nicht sogar den Beginn einer neuen Ära beschwören wollte: »Nun ward der Winter unsres Mißvergnügens glorreicher Sommer durch die Sonne Yorks; die Wolken all, die unser Haus bedräut, sind in des Weltmeers tiefem Schoß begraben.« Und auch auf die Frage, von welchem bedeutenden Vorgänger Starck möglicherweise inspiriert worden sei, liefert *Richard III* eine Antwort: von Achille Castiglioni, der Traktorsitze zu Salonsesseln und Autoscheinwerfer zu Stehlampen umfunktioniert. Im übrigen bezieht sich Starck mit seinem *Mr. Bliss* ausdrücklich auf einen kleinen Kniehokker von Castiglioni aus dem Jahr 1970, wobei er allerdings dessen Ähnlichkeit mit einem Betstuhl in einen Trampolin-Look verwandelt.
Die zunehmende Geschmeidigkeit und Üppigkeit der Volumen, die sich bei einer Reihe von Möbeln und Objekten feststellen lassen, sowie ihr immer häufigerer Bezug auf Tierformen – so beim Stuhl *Ed Archer,* bei der Büroleuchte

back, lacking in all gravity and gravitas. Only the frontal aspect betrays its origins: it is a monument to hypocrisy. Whence, presumably, its name, borrowed from a misshapen king. Unless it marks for Starck the debut of a new era: »Now is the winter of our discontent...«
And if we were to ask to which great predecessor Starck might be indebted, *Richard III* provides an answer: it is to Achille Castiglioni, who recycled tractor seats into drawing-room chairs, and car headlights into standard lamps. Moreover, Starck's *Mr. Bliss* does explicit homage to a little prie-dieu by Castiglioni dating from 1970 – although it must be said the devotional aspect of the latter is largely subsumed under its trampoline-like appearance.
The increasing suppleness and luxuriance which can be discerned in a whole range of objects and furniture, together with ever more frequent reference to zoological inspiration – as with the *Ed Archer* chair, and the *Ray Menta* lamp with its punning appellation, and the *Walter Wayle* wall-clock with its shark's fin hands – could of course all be interpreted as a kind of formal fun and games. Ironically, though, their source is to be found rather in Starck's growing interest in the more sophisticated do-

radio ou une téloche au chevet de son lit... Puis, des appendices naissent: des «jambes» aux pieds des tables, des nageoires sur un piètement démontable, un os de narval à l'arrière d'un fauteuil... A la légèreté distanciée des objets-service se substitue une tentation baroque que l'on peut discerner dans les meubles pour Jack Lang ou la chaise *Lola Mundo* dont la splendeur dorée aux tétons roses semble faite pour le séant d'un gardien de l'Escurial: «Philippe II était une chose terrible...» Cependant que l'ironie latente s'était faite explicite, l'exemple le plus achevé en étant le *Richard III*: le fauteuil «Club», archétype bourgeois est moulé en polyester, évidé à l'arrière et débarrassé de toutes ses pesanteurs. De ses origines, il ne conserve que son apparence frontale: un monument d'hypocrisie. D'où, sans doute, le nom emprunté au roi mal équarri. A moins qu'il ne marque pour Starck le début d'une ère nouvelle: «voici l'hiver de notre déplaisir mué en radieux été par ce soleil d'York et les nuages qui menaçaient notre maison sont tous enfouis au fin fond des mers»? Et si on se demandait à quel grand aîné Starck pourrait devoir, *Richard III* apporte une réponse: c'est à Achille Castiglioni, recycleur de siège de tracteur en fauteuil de salon et de phare d'automobile en lampadaire. D'ailleurs, le *Mr. Bliss* de Starck rend un hommage explicite à un certain petit tabouret à génuflexion de Castiglioni de 1970, même s'il en mue le faux air de prie-dieu en look trampolinesque.
L'assouplissement et le gonflement des

volumes que l'on constate dans un certain nombre de meubles et d'objets, et leur référence de plus en plus fréquente au zoomorphisme – le siège *Ed Archer,* la lampe *Ray Menta* dont le nom est un jeu de mots sur le rayon de lumière et le poisson surgi des profondeurs, la pendule *Walter Wayle* et ses aiguilles charnues – pourraient être assimilés à une dérive formelle. Paradoxalement, c'est dans l'intérêt grandissant de Starck pour des domaines sophistiqués de la technologie qu'il faut en chercher les sources. Au développement de l'automation, des techniques de communication, de l'informatique, de la biologie et au croisement de ces disciplines répondent des préoccupations qui se rattachent pourtant à une même idée de la «mutation» de la société post-industrielle. Il y aurait, tout d'abord, une remise en question de l'objet en tant que solution et la recherche d'un service purifié de ses «parasites». Starck en donne pour exemple le besoin d'eau courante qui a suscité le robinet et celui du froid, le réfrigérateur, et entend démontrer qu'ils ne sont pas fatals. Mieux, la morale du designer commande de supprimer tout ce qui consomme inutilement de la matière et de l'énergie. Cette éthique de la disparition va trouver son application pratique dans un domaine où foisonnent les objets encombrants: le mobilier urbain. Sans le faire disparaître littéralement, Starck travaille à en réduire les services à l'essentiel et à en diminuer l'impact sur le paysage de la ville.

De l'explosion de l'informatique et de la

Richard III, 1984
Sessel / Armchair / Fauteuil

mains of technology. Developments in automation, in communications and information technology, in biology etc., and in the overlapping of these various disciplines, trigger off in Starck a variety of activities, which all have one idea in common: namely, the »mutation« of post-industrial society. First comes a questioning of the object in respect of its function as a solution, and the search for a service freed from its »parasites«. Starck gives as examples the need for running water and for cold, which gave rise to the tap and the refrigerator respectively, and tries to show that there is nothing inevitable about them. Or rather, the professional ethos of the designer imposes a requirement to eliminate everything which consumes materials or energy to no purpose. This elimination ethic will find its practical application in an area swarming with objects that mostly just get in the way: namely, street furniture. Without making it literally disappear, Starck is working to reduce the services it performs to their essentials, and thus to reduce its impact on the townscape.

The explosion in information and communications within the service sector is an indication, for Starck, that the days of the office are numbered (as a 20th century Utopian opined: »To get rid of

Ray Menta, deren Name übrigens ein Wortspiel ist aus »Lichtstrahl« und »Tiefseefisch«, bei der Wanduhr *Walter Wayle* mit ihren Zeigern in Form von Haifischflossen – könnte man natürlich als formale Spielerei interpretieren. Paradoxerweise sind sie allerdings eher auf Starcks wachsendes Interesse an modernen Technologien zurückzuführen. Die Entwicklung von Automation, Kommunikationstechnik, Informatik und Biologie bzw. die Überschneidung dieser Disziplinen lösen bei Starck unterschiedliche Aktivitäten aus, die jedoch alle um ein und dieselbe Idee kreisen, nämlich um den »Wandel« der postindustriellen Gesellschaft. Da wären zunächst ein In-Frage-Stellen des Objekts als Lösung und die Suche nach einem Service, der von seinen »Parasiten« befreit ist. Als Beispiel dafür nennt Starck das Bedürfnis nach fließendem Wasser und nach Kälte, das den Wasserhahn bzw. den Kühlschrank hervorgebracht habe, wobei er nachweisen möchte, daß so etwas keineswegs zwangsläufig passieren müsse. Besser gesagt: Das Berufsethos des Designers gebietet ihm, alles zu verbannen, was unnötig viel Material und Energie verbraucht. Diese Ethik des Verschwindens findet praktische Anwendung in einem Bereich, wo es einen wahren Überfluß an sperrigen Objekten gibt: beim städtischen Mobiliar. Auch wenn er es nicht gerade vom Erdboden verschwinden läßt, so arbeitet Starck doch darauf hin, seine Funktionen auf das Wesentliche zu reduzieren und ihm etwas von seiner Dominanz innerhalb der Stadtlandschaft zu nehmen.

Die explosionsartige Entwicklung von Informatik und Kommunikation innerhalb des Dienstleistungssektors ist für Starck ein Anzeichen dafür, daß das Büro eines Tages ganz verschwinden wird. (Wie sagte doch bereits ein Utopist des 20. Jahrhunderts? »Zur Abschaffung

der Prostitution gibt es ein ganz einfaches Mittel: Schaffen wir die Trottoirs ab!«) In einer Übergangsphase käme es darauf an, die Arbeitsbereiche zu Wohnbereichen zu machen (und umgekehrt), indem man sie mit perfektionierten Werkzeugen und der entsprechenden Atmosphäre ausstattete. Starck geht sogar noch weiter, wenn er an der »Verinnerlichung« von Kommunikationsinstrumenten arbeitet, an ihrer Einpflanzung in den menschlichen Körper. Vom Werkzeug als mechanischer Prothese bis zur Informationshilfe als Schrittmacher vollzieht sich ein konzeptioneller Sprung, dessen modellhafte Verkörperung bereits in den Romanen von Philip K. Dick aufgetaucht war: Die Schlüsselfigur des »Dr. Bloodmoney« ist ein Rumpfmensch, dessen gerissenes Superhirn eigene Prothesen für ihn erfindet und ihm übermenschliche Kräfte verleiht. So verbindet sich die Vorliebe Starcks für Dick und die Science-fiction mit der Begeisterung für die Gentechnik, die Proteine manipuliert und zu bestimmten Forschungen auf dem Gebiet der Informatik benutzt wird. Zweifellos übt die Versuchung, sich als »Geburtshelfer des Wandels« zu betätigen, auf Starck einen unwiderstehlichen Reiz aus, doch ist ihm die Gefahr, daß er damit auch zum Zauberlehrling werden könnte, durchaus bewußt. Wenn er harmlose Möglichkeiten des Machbaren aufdeckt – etwa ein Terminal im Fettpolster des Arms –, so kündigt er damit vielleicht gleichzeitig eine Entwicklung an, die irgendwann außer Kontrolle geraten könnte. Gleichzeitig benennt er auf spielerische Weise die widersprüchlichen Lebensformen, welche den Menschen der nahen Zukunft möglicherweise erwarten: Freizeit-Arbeiter, Standort-Reisender, Einzel-Kopulant ... Ist Starck – Designer und Moralist – gar im Begriff, uns die »schöne, neue Welt« zu eröffnen?

prostitution all you have to do is abolish pavements.«). In the transitional phase, workplaces would have to be transformed into living-spaces, and vice versa, by providing them with perfect tools and the appropriate ambience. Starck goes a step further by working on the internalization of the instruments of communication, in other words, their implantation in the human body. From the tool as a kind of mechanical artificial limb, to the information aid on the model of the pacemaker, there is a conceptual leap for which the potential model was provided by Philip K. Dick. The central character of »Dr Bloodmoney« is an individual stripped down to his torso, whose powerful and malign brain invents artificial limbs especially for him, endowing them with superhuman strength.

Thus Starck's predilection for Philip Dick and science fiction is combined with an enthusiasm for genetic engineering, manipulating proteins rather than printed circuits, and providing a framework for various current initiatives in information technology research. While the temptation to act as »midwife for change« might be irresistible for Starck, he is not unaware of the risks of being the sorcerer's apprentice. By unveiling harmless applications – a subcutaneous watch, for example, or a computer terminal embedded in the fatty layer of the arm – he is perhaps denouncing any euphoria in advance by emphasizing, in a playful fashion, the contradictions to which a man of the near future might be subject; worker-of-leisure; stay-at-home-traveller, intercourse-for-one ... Is Starck, the designer and moralist, opening up to us a »Brave, New World«?

communication dans le tertiaire, Starck anticipe la disparition du bureau («Pour supprimer la prostitution», disait déjà un utopiste du XXème siècle, «c'est simple. Supprimons les trottoirs!») Dans une phase «intermédiaire», il s'agirait d'aménager les espaces de travail en espaces domestiques (et réciproquement) en les dotant d'outils perfectionnés et de l'ambiance idoine. Starck va plus loin encore quand il travaille à l'intériorisation des instruments de la communication, de leur implantation dans le corps humain. De l'outil comme prothèse mécanique au support d'information comme pace-maker, s'effectue un saut conceptuel dont le modèle en puissance se trouvait déjà dans les romans de Philip K. Dick: le personnage-clé de «Docteur Bloodmoney» est un homme-tronc dont le cerveau exceptionnel et malin invente ses propres prothèses adaptées et les dote de pouvoirs surhumains. Au goût de Starck pour Dick et la Science-fiction vient ainsi se conjuguer la fascination pour l'ingénierie «humide». Si la tentation de participer à «l'accouchement de la mutation» paraît irrésistible aux yeux de Starck, il n'est pas dupe des risques de l'apprenti-sorcier. En en dévoilant des applications innocentes peut-être en dénonce-t-il à l'avance le vertige en soulignant, sur un mode ludique, les contradictions qui guettent l'homme d'un futur proche: travailleur-oisif, voyageur-immobile, copulateur-solitaire ... Starck, designer et moraliste, serait-il en train de mettre à jour «le Meilleur des Mondes»?

Le Coup de L'Escalier

A l'ébauche de ce commentaire, un cours tortueux du destin fit échouer, sur la table où il s'élaborait, les deux tomes de «L'ingénieux hidalgo Don Quichotte de la Manche». On ne s'en émut pas, persuadé qu'il était hasardeux d'y aller quérir quelque parallèle entre les exploits chimériques du héros de Cervantès et les travaux désigniques, quoique herculéens, de Starck. Plus encore d'oser établir la moindre comparaison entre la fine Brigitte et ce balourd de Sancho. Encore qu'à y bien songer, on pourrait distinguer une pointe d'esprit chevaleresque dans certaines croisades de Starck et un soupçon de protection fidèle et dévote chez sa compagne. Mais là n'était pas le propos. Ce qui apparut dans une aveuglante clarté, c'est qu'aujourd'hui comme hier, ici et ailleurs, les hommes (et les femmes) mènent plus grand train et tapage plus sonore, se livrent plus volontiers aux joies de l'ivresse et aux jeux de la séduction, débattent mieux du monde et de ses affaires, dans ces lieux de passage élus et éphémères que sont les hôtelleries et les auberges. Et que Starck, avec sa perspicacité coutumière, avait mis les pieds dans le plat et renouvelé un genre qui s'étiolait. Un café à Paris, le *Costes*, un restaurant à Tokyo, *Manin*, un hôtel à New York, le *Royalton* – un quoi? complexe? – à Madrid, le *Teatriz* ont rendu à l'hospitalité ses lois. Marketing et économies d'échelle les avaient négligées: le succès indiscuté de ces lieux les a réhabilitées avec éclat.

«... les gens veulent des illusions. Ils ne veulent pas des réalités du monde quo-

The Staircase Coup

By a strange quirk of fate, it so happened that during the writing of this commentary, the two volumes of »The Adventures of Don Quixote« landed on the desk where it was being written. No need for panic; after all, it would be somewhat contrived to attempt to draw a parallel between the chimeric exploits of Cervantes' hero and the designing activities, Herculean though they may be, of Philippe Starck. Even though, when one thinks about it, some of Starck's crusades are accompanied by a hint of chivalry, along with a touch of devoted and faithful protection from his companion. But this is all beside the point. What did appear, with blinding clarity, was that today, like yesterday, and here, as elsewhere, men (and women) make a more spectacular appearance, gesticulate more wildly, yield themselves up more easily to the pleasures of drink and the games of seduction, and talk much more eloquently about the world and its affairs, when they are in those chosen places of continual coming and going which we call taverns and bars. And that Starck, with his usual perspicacity, had stepped right in and revived a genre which was already on its way out. A café in Paris, the *Costes*, a restaurant in Tokyo, *Manin*, a hotel in New York, the *Royalton*, a – what? – a complex? – in Madrid, the *Teatriz*, have helped to restore the laws of hospitality once more. They had been neglected by marketing and by the economies of scale, but they have been restored to their rightful place, with a vengeance, by the undeniable success of these establishments.

»... People want illusions. They don't want the humdrum reality of the everyday world. And where shall they find

Die Treppe als Laufsteg

Eine verrückte Laune des Schicksals wollte es, daß während der Ausarbeitung dieses Kommentars die beiden Bände des »Scharfsinnigen Edlen Don Quichotte de la Mancha« auf dem Schreibtisch des Verfassers landeten. Kein Grund zur Beunruhigung: Schließlich wäre es ziemlich gewagt, irgendeine Parallele zwischen den schimärischen Abenteuern des Cervantischen Helden und den Herkulesarbeiten des Designers Starck aufspüren zu wollen. Und erst recht abwegig, auch nur den entferntesten Vergleich zwischen der grazilen Brigitte und dem plumpen Sancho Pansa herzustellen. Obwohl sich, wenn man es genau bedenkt, bei manchen Kreuzzügen Starcks auch ein Anflug von Ritterlichkeit ausmachen ließe und bei seiner Lebensgefährtin ein Hauch von treusorgender Ergebenheit. Aber das war nicht das Thema. Was dagegen sofort ins Auge sprang, war die Tatsache, daß Männer (und Frauen) – heute wie gestern, hier und anderswo – in Hotels und Gaststätten, also an bevorzugten Orten des ständigen Kommens und Gehens, spektakulärer auftreten, sich lärmender gebärden, sich leichter den Freuden der Trunkenheit und dem Spiel der Verführung hingeben, besser über die Welt und die allgemeinen Verhältnisse diskutieren. Und daß Starck mit der ihm eigenen Scharfsichtigkeit schlicht und einfach ein Genre erneuert hatte, das bereits im Niedergang begriffen war. Ein Café in Paris, das *Costes*, ein Restaurant in Tokio, *Manin*, ein Hotel in New York, das *Royalton*, ein – ja was? Komplex? – in Madrid, das *Teatriz*, haben den Gesetzen der Gastlichkeit wieder zu Geltung verholfen. Marketing und Wirtschaftlichkeitsdenken hatten sie vernachlässigt: Der eindeutige Erfolg dieser Stätten hat sie auf glänzende Weise rehabilitiert.

»... Die Leute wollen Illusionen, keine Realitäten der Alltagswelt. Wo finden

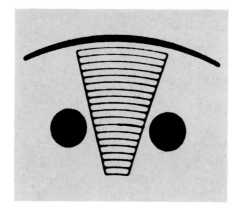

Café Costes, Paris
Logo

sie diese Illusionen? Wo entwickeln sie ihren Geschmack? In der Schule? Im Museum? ... Nein. Es gibt nur einen Ort dafür: das Kino. Alles andere kann man vergessen ...«

»... Um den Speiseraum zu betreten, muß man drei Stufen hinaufsteigen. Eine Tür öffnet sich, und man steigt wieder drei Stufen hinunter. Der Speiseraum liegt auf derselben Ebene wie das Entree. Aber die Leute steigen nach oben, aufs Podest – ich habe einen Strahler so installiert, daß sie von unten beleuchtet werden –, und bevor sie sich setzen, haben sie ihren Bühnenauftritt gehabt. Haben ihre Rolle im Stück gespielt. Das Publikum betrachtet sie, und sie betrachten das Publikum ...«

Nein. Es ist nicht Starck, der hier spricht, aber er könnte es sein. Es ist Morris Lapidus, Pionier unter den Architekten und von seinesgleichen verfemt (bis ihm der alte Johnson das Prädikat eines Vorläufers der Postmoderne zusprach). Lapidus war derjenige, der in die unbewegliche Domäne des Hotelwesens zum ersten Mal andere Werte hineingebracht hat, indem er den Bruch, die Lichtdramatisierung, die Stofflichkeit des Materials, die Beziehungslosigkeit der Details zum Prinzip erhob und damit den Rahmen einer sinnlich erfahrbaren Architektur schuf. Zwar bedient sich Starck in seiner Formensprache eines völlig anderen Vokabulars, doch beruht es auf vergleichbaren Grundannahmen: Der Raum, in dem sich das Kaffeehaus-Leben abspielt, ist ein Ort des schönen Scheins, der Repräsentation, ja des Spektakels, mit dem nicht einmal die Straße rivalisieren kann. There is no business like showbusiness. Starck, der ein Nachtschwärmer war, kennt die Musik. Seine Cafés, Restaurants, Hotels und Nachtlokale sind Arenen des gesellschaftlichen Spiels, die sich der Stadt nicht ohne weiteres zu erkennen geben: diskrete Eingänge,

these illusions? Where shall their tastes be formed? At school? At the museum? ... No. There is only one place: the cinema. And to hell with the rest!»

"... To reach the dining room, one climbs three steps. A door opens, and one goes back down three steps. The dining-room is on the same level as the hall. But the people climb up, on to the dais – I've positioned a lamp to illuminate them from below – and before sitting down, they have found themselves on centre stage. They have played their role in the spectacle. Everyone looks at them. They look back at everyone.«

No, it was not Starck who said this, though it might have been. It was in fact Morris Lapidus, pioneer architect and object of displeasure to his colleagues (until, that is, old Johnson certified him as one of the precursors of post-modernism). Lapidus was the first to introduce different values to the stuffy world of the hotel trade, and he did so by turning the principles of discontinuity, of lighting effects, of the feel of materials, of the incongruity of details into the framework of an architecture of sensation. While the vocabulary used by Starck is in quite a different vein, yet it is based on the same foundations: the space in which café life unfolds is a place of make-believe, of appearances, indeed of spectacle, unrivalled even by the street. There's no business like show business. Starck, who was a night owl himself, knows his music. His cafés,

tidien. Où les trouvent-ils, ces illusions? Où leurs goûts sont-ils formés? à l'école? au musée? ... Non. Il n'y a qu'un endroit pour cela: le cinéma. Au diable le reste! ...»

«... pour entrer dans la salle à manger, on monte trois marches. Une porte s'ouvre et on redescend trois marches. La salle est au même niveau que le hall. Mais les gens montent, atteignent la plate-forme – j'ai placé une lumière pour les éclairer d'en bas – et avant que de s'asseoir, ils se sont trouvés sur une scène. Ils faisaient partie de la distribution de la pièce. Tout le monde les regarde. Ils regardent tout le monde ...»

Non. Ce n'est pas Starck qui s'exprime ainsi, mais ce pourrait être lui. C'est Morris Lapidus, architecte pionnier et maudit de ses pairs (avant que le vieux Johnson ne lui délivre un brevet de précurseur du post-modernisme). Lapidus est le premier qui ait introduit dans le domaine compassé de l'hôtellerie des valeurs différentes en faisant des principes de rupture, de dramatisation de la lumière, de la tactilité des matériaux, de l'incongruité des détails, le cadre d'une architecture de sensations. Si le vocabulaire dont use Starck est d'une toute autre veine, il se fonde sur des bases analogues: l'espace de la café-life est un lieu de frime, de représentation, et même de spectacle avec lequel même la rue ne peut rivaliser. There is no business like show-business. Starck qui fut un oiseau de la nuit connaît la musique. Ses cafés, restaurants, hôtels et nightclubs sont des champs clos du jeu social et n'offrent à la ville qu'un visage se-

Café Costes, Paris
Innenansicht / View of the interior / Vue intérieure

cret: discrétion des accès, espaces-tampons entre rue et saint des saints (même *Costes* qui ouvre sur une place publique par une terrasse a été masqué: Starck n'en a d'ailleurs pas laissé publier de photographie extérieure). Comme les speakeasys de la prohibition, ces lieux feignent de n'accueillir que des élus et tendent à communiquer dès l'entrée un frisson délicieux et préalable, le trac. C'est peu dire que ce sont des lieux théâtraux: ce sont de véritables théâtres dont ils reproduisent scrupuleusement la typologie: galeries, foyer, balcon, proscenium et scène, coulisses, loges... la différence ne tenant que dans le fait que spectateurs et acteurs sont confondus, chacun choisissant son rôle à sa guise et selon l'humeur du moment.

On peut, dans ce cadre quasi immuable du théâtre starckien, dresser le petit répertoire non exhaustif des éléments que déplie le maître de cérémonie pour mettre en scène des situations qui évoquent la tragédie ou la comédie américaine, le mystère ou l'opéra-bouffe, la romance ou le lourd parfum du bordel. Il y a, comme chez Lapidus, le fameux escalier «l'ai-je-bien-descendu?», lieu de l'exhibitionnisme obligé, le rideau cramoisi, masquant de sombres coulisses ou fauteur de rencontres furtives entre deux portes, les parcours sensuels semés d'objets-événements sollicitant indifféremment la pulsion sexuelle ou l'angoisse métaphysique. Il y a encore la lumière et la couleur, chatoyantes et contrastées, soufflant alternativement le confort et l'inquiétude.

restaurants, hotels and night-clubs are the arenas in which the social game is played out. The face they present to the city is a secret one: discreet entrances are the buffer zones between the street and the holy of holies (even *Costes*, with a terrace opening on to a public place, has been disguised, and Starck has not had any exterior photographs published). Like the speak-easies of the Prohibition era, these places admit no one but those whom they choose to admit, causing a frisson of expectation in those thus granted access, a feeling akin to stage fright. It would be an understatement to say that these were theatrical places; they are theatres, full-stop, with all the trappings religiously reproduced: galleries, foyer, balcony, proscenium and stage, wings, boxes... The only difference between them and a normal theatre being that no distinction is made between actors and audience; each chooses his role as the mood takes him.

In this virtually immutable framework of the theatre à la Starck, there is a constantly repeated, reduced repertoire of elements which the master of ceremonies draws upon for the production of various scenes: situations reminiscent of tragedy or American musical comedy, of the mystery or the opera bouffe, the romance or the heavy scent of the brothel. There is, as there is in the case of Lapidus too, the famous staircase (»Did I make a good entry?«) – the

Pufferzonen zwischen der Straße und dem Allerheiligsten (selbst das *Costes*, das sich durch eine Terrasse nach außen hin öffnet, ist maskiert worden: Starck hat im übrigen keine Außenaufnahmen von ihm veröffentlichen lassen). Genau wie die Speakeasies zur Zeit der Prohibition verbreiten diese Orte den Eindruck, nur Auserwählte aufzunehmen, und verursachen dem Gast schon beim Eintreten einen erwartungsvollen Kitzel – Lampenfieber. Von theatralischen Stätten zu sprechen wäre eigentlich eine Untertreibung, denn diese Orte sind regelrechte Theater mit allem, was dazugehört: Galerien, Foyer, Balkon, Proszenium und Bühne, Kulissen, Logen... Der einzige Unterschied zu einem »normalen« Theater besteht darin, daß Zuschauer und Schauspieler hier identisch sind, wobei jeder seine Rolle beliebig wählt, je nach der Stimmung des Augenblicks.

In diesem nahezu unveränderlichen Rahmen des Starckschen Theaters gibt es ein immer wiederkehrendes kleines, reduziertes Repertoire von Elementen, die der Zeremonienmeister zur Inszenierung verschiedener Situationen entfaltet: Situationen, die an die Tragödie oder das Musical denken lassen, an Mysterienspiele oder die Opera buffa, die Romanze oder das schwere Parfum des Bordells. Wie bei Lapidus gibt es die berühmte Treppe für die großen Auf- und Abgänge – als Ort des obligaten Exhibitionismus –, den karmesinfarbenen Vorhang, der düstere Kulissen kaschiert oder flüchtige Begegnungen zwischen zwei Türen ermöglicht, die Parcours der Sinnlichkeit mit ihren vielfältigen Objekten von ereignishaftem Charakter, die gleichermaßen sexuelle Erregung oder metaphysische Angst hervorrufen. Schließlich noch das schillernde, kontrastreiche Spiel von Licht und Farbe, das mal Behaglichkeit verbreitet, mal beunruhigend wirkt.

In seinem »Ästhetischen Exkurs« sagte Dürer sinngemäß, daß es von großer Kunst und erstaunlicher Begabung zeuge, auch derbe und ländliche Dinge treffend und mit künstlerischer Kraft gestalten zu können.

Ganz in diesem Sinne hat Starck zur Geschichte des Toilettenwesens einen ganz wesentlichen Beitrag geleistet. Es ist ihm gelungen, diese trivialen Örtlichkeiten, denen man bisher immer nur mit Herablassung oder einem rein hygieneorientierten Interesse begegnet war, mit einer Aura von heiterem Raffinement zu umgeben, die nicht im entferntesten etwas zu tun hat mit den vielgerühmten schattigen Laubhütten Tanizakis. Durch die Starcksche Magie haben sich die Toiletten – »diese Orte, wo selbst die Kaiser zu Fuß hingehen« – in einladende Räumlichkeiten verwandelt, die sich glänzend eignen, miteinander ins Gespräch oder ins Geschäft zu kommen, und die – zugegebenermaßen – auch ein gewisser Hauch von Voyeurismus bzw. mondänem Exhibitionismus umweht. Doch in dieser Hinsicht sind sie nur ein Schlußpunkt zu jenen Orten, die Starck großzügig mit einer diffusen Perversität ausgestattet hat, damit sich dort die Akteure der verlorenen Unschuld der Metropole versammeln können. Verboten für Hunde und Kinder!

site of obligatory exhibitionism – the crimson curtain masking murky backstage exits, but also allowing fleeting encounters between two doors, the sensual circuits with their multifarious objects and happenings, indiscriminately conjuring up sexual excitement or metaphysical *angst*. And then there is the light and the colour, *chatoyant* and full of contrast, emanating comfort and unease in turn.

Where the history of the convenience is concerned, Starck has made a crucial contribution. He has succeeded in surrounding these lowly locations, hitherto looked upon either with condescension or purely from the standpoint of hygiene, with an aura of serene sophistication, with nothing whatever in common with Tanizaki's celebrated shady bowers. Thanks to Starck's magic, the loo – that place where »even the Emperor goes alone« – has been transformed into a place not merely of convenience, but of conviviality, eminently appropriate for conversation or the transaction of business, and not altogether without, it is true, a certain hint of voyeurism or worldly exhibitionism. But in this respect it is no more than the fermata of those places which Starck has generously provided with a halo of diffuse perversion, places where everything is put on hold in order that those acting out the loss of innocence of the metropolis might foregather. No Children – No Dogs!

«...cela relève du grand art» disait Dürer «que de pouvoir faire preuve, à propos de choses grossières et campagnardes, de justesse et de puissance artistiques... et c'est là un don étonnant». Dans l'histoire des commodités, Starck apporte une contribution cruciale. De ces lieux triviaux auxquels n'était jusqu'alors portée qu'une attention condescendante et hygiéniste, il a su apporter l'aura d'une sophistication souriante. Loin des feuillées ombreuses de Tanizaki dont on nous a tant rabattu les oreilles, les chiottes, «ces endroits où les rois vont seuls» se sont muées par la magie starckienne en espaces conviviaux, propices à lier conversation ou commerce, et non dénués, il est vrai, d'un zeste de voyeurisme ou d'exhibitionnisme mondain. Mais, en cela, ils ne sont guère que le point d'orgue de lieux que Starck avait généreusement nimbés de perversité diffuse pour que s'y rassemblent les acteurs de la perte de l'innocence de la métropole. Interdits aux chiens et aux enfants!

Des Monstres et Merveilles

La relation sublime entre l'architecture et Philippe Starck – tout en étant effectivement proches, on faisant semblant de s'ignorer – devait bien finir par faire des petits. Dès 1985, un publicitaire, brillant comme il se doit, jeune et innocent, avait relevé le pari. Starck lui avait dessiné une maison en forme d'escalier sur un site impossible de 5 m de large par 70 de long dans une île aux confins de Paris. Puis, il y eut l'épisode du concours pour l'Opéra de Tokyo en collaboration avec Jean Nouvel. Starck et Nouvel, c'était une rencontre de géants dont on aurait pu craindre des étincelles: ils se firent au contraire complices pour fomenter un objet indéchiffrable et chargé de mystère, «une baleine qui aurait avalé la kaaba» (à moins que ce ne soit le contraire), qui, en dépit de son insuccès notoire auprès du jury a entretemps acquis un statut d'objet-phare des années quatre-vingt. Avec *Nani Nani*, «l'innommable», et *Asahi*, Starck tombe à pieds joints au beau milieu du débat enfin déclaré sur l'architecture comme signe.

Nani Nani, c'est un gros bâtiment vert de forme organique et qui semble constamment perdre l'équilibre et menace de basculer voisin. *Asahi*, c'est un tronc de pyramide renversé, posé sur un socle lumineux et surmonté d'une énorme goutte dorée. Dans leur dissimilitude, *Nani Nani* et *Asahi* ont un statut analogue de gros objets jetés à la face de la ville et destinés ouvertement à provoquer la stupéfaction. Starck n'en fait pas mystère: en matière d'architecture, il n'aime que les monstres, parmi les-

Of Monsters and Marvels

The relationship between architecture and Philippe Starck – always present, whatever the protestations of mutual ignorance – was bound to bear fruit sooner or later. The first to take the risk – in 1985 – was an advertising man: brilliant – so he should be – young, and innocent. Starck had designed for him a house in the shape of a staircase on an impossible site (70 metres long by 5 metres broad) on an island not far from Paris. Then there was the episode of the competition for the Tokyo Opera House, a joint project with Jean Nouvel. Starck and Nouvel, an encounter between two giants, in the course of which one might have feared that sparks would fly. But no; on the contrary, in perfect harmony they created a mysterious and puzzling object, »a whale which looked as if it had swallowed the Ka'aba at Mecca« (or it might have been the other way round). In spite of its well-known failure to convince the Jury, it has acquired the status of a beacon object of the nineteen-eighties. And with *Nani Nani*, »the unnameable«, and *Asahi*, Starck has suddenly come to occupy a central role in the debate on the iconic function of architecture.

Nani Nani is a great green building of organic shape, which looks as if it were about to tip over into the neighbouring plot. *Asahi* is an inverted, truncated pyramid, standing on an illuminated pedestal and surmounted by an enormous gilded teardrop. For all their dissimilarity, *Nani Nani* and *Asahi* are comparable in status, namely as massive objects imposed upon a city and unmistakably intended to unleash stupefaction. Starck has never made any secret of the fact that, where architecture is concerned, he only likes monsters,

Monster und Wunderwerke

Die sublime Beziehung zwischen der Architektur und Philippe Starck – bei aller tatsächlichen Nähe tat man so, als ignorierte man sich gegenseitig – mußte zwangsläufig irgendwann Früchte hervorbringen. Der erste, der sich – 1985 – auf das Risiko einließ, war ein Werbemanager: brillant, wie es sich für die Branche gehört, jung und unschuldig. Starck hatte ihm ein Haus in Form einer Treppe entworfen, und zwar auf einem unmöglichen Grundstück – fünf Meter breit und siebzig Meter lang – auf einer Insel in der Umgebung von Paris. Dann kam der Wettbewerbsentwurf für die Oper von Tokio als Gemeinschaftsprojekt mit Jean Nouvel. Starck und Nouvel: ein Zusammentreffen zweier Giganten, von dem man eigentlich hätte befürchten können, daß dabei die Fetzen flögen. Doch nichts dergleichen geschah: Vielmehr schufen sie in bester Eintracht ein geheimnisvolles, rätselhaftes Objekt – »ein Wal, der die Kaaba von Mekka verschlungen hat« (es könnte aber auch umgekehrt sein) –, das, ungeachtet der Tatsache, daß es bei der Jury seinerzeit durchfiel, mittlerweile zu einem leuchtenden Wahrzeichen der achtziger Jahre geworden ist. Mit *Nani Nani* – »das Unbenennbare« – und *Asahi* rückt Starck unversehens ins Zentrum der endlich eröffneten Debatte über die Architektur als Zeichen.

Nani Nani ist ein großes, grünes Gebäude von organischer Form, das jeden Augenblick das Gleichgewicht zu verlieren scheint und auf die Nachbargrundstücke zu kippen droht. *Asahi* ist ein umgekehrter Pyramidenrumpf, der auf einem erleuchteten Sockel ruht und von einem monumentalen Goldtropfen überragt wird. Bei aller Unähnlichkeit haben *Nani Nani* und *Asahi* gemeinsam, daß sie sich als riesige Objekte der Stadt gewaltsam aufdrängen und ganz eindeutig dazu bestimmt sind, Verblüffung auszulösen. Starck macht kein Geheim-

Entwurf für das Opernhaus in Tokio (in Zusammenarbeit mit Jean Nouvel), 1987
Design for the opera-house in Tokyo (in collaboration with Jean Nouvel)
Esquisse pour l'opera de Tokyo (en collaboration avec Jean Nouvel)

nis daraus: Unter den Bauwerken liebt er nur die Monster – hierzu gehören für ihn die Pyramiden und der Eiffelturm –, und seine Traumstadt wäre »ein Konglomerat von überdimensionierten Objekten voller Vitalität und Energie«.

Wenn Starcks Bauten in Architektenkreisen mit naserümpfender Mißbilligung aufgenommen werden, so darf das nicht weiter überraschen. Diese Ablehnung hat zwei Ursachen, zu denen die Zunft sich freilich nicht bekennt. Da ist einerseits das borniere Standesdenken der Disziplin: Was mischt sich dieser Amateur hier ein? Zum anderen eine gewisse Blauäugigkeit, die sich – allen offenkundigen Vorzeichen zum Trotz – einfach nicht eingestehen will, daß sich die Bereiche der Architektur verlagert haben und daß die große Aufmerksamkeit, die ihr politische und wirtschaftliche Entscheidungsträger neuerdings wieder widmen, letzten Endes nur Ausdruck eines wohlkalkulierten eigenen Interesses ist. Es geht ihnen nämlich darum, sich imagefördernde Markenzeichen zuzulegen, die eindeutig propagandistische Zwecke zu erfüllen haben: Die Architektur wird zum Werbemittel. Die politische Botschaft mag sich zwar nobler geben als die – trivialere – kommerzielle Werbung, aber das ändert nichts an der Tatsache selbst. In »Learning from Las Vegas« hatten R. Venturi, S. Brown und S. Izenour bereits auf die Wirksamkeit und die poppige, vulgäre Vitalität des Strip (der Casino-Meile von Las Vegas; Anmerkung des Übersetzers) hingewiesen. Wenn man es recht bedenkt, ist der Pariser Arche de La Défense in seiner abstrakten Monumental-

among which he includes the pyramids and the Eiffel Tower; and his dream city would be a »conglomeration of out-of-scale objects, full of energy and vitality.«

The way the architectural establishment has turned up its collective nose at Starck's buildings need come as no surprise. There are two reasons for this, neither of which can be frankly acknowledged. First, there is the closed-shop mentality of the profession: what right does this amateur have to poke his nose in here? And secondly, there is a certain naivety, which – even though all the signs point in the opposite direction – refuses to recognize that the rules of the architectural game have changed, and that the new attention it is being given by the prevailing political and economic powers is no more than an expression of their own well-calculated interest. They are, in other words, concerned to acquire image-promoting trademarks, whose function is unambiguously propagandist: architecture as advertising. A political message may give itself airs of being less vulgar than its trivial commercial counterpart, but that makes no basic difference. In »Learning from Las Vegas«, Venturi, Brown and Izenour had already demonstrated the effectiveness and colourful, vulgar vitality of the Strip. And when one thinks of it, in its abstract monumentality the Arche de La Défense in Paris could have been merely a cultivated Venturi hoax.

quels il range les Pyramides et la tour Eiffel, et rêve d'une ville qui serait «un agglomérat d'objets hors d'échelle, pleins de vitalité et d'énergie».

La désapprobation pincée avec laquelle les bâtiments de Starck sont accueillis dans le milieu architectural n'est pas faite pour surprendre. Elle a deux raisons que la corporation ne veut naturellement pas avouer. La première, c'est le corporatisme étroit de la discipline: de quoi se mêle cet amateur? La seconde procède d'un certain angélisme qui refuse tout simplement malgré des signes avant-coureurs parfaitement clairs, de s'avouer que les champs de l'architecture se sont déplacés et que la curiosité renaissante que lui portent depuis peu pouvoirs politiques et économiques ne vise finalement que leur propre intérêt bien compris. Il faut dire qu'il s'agit de les doter d'images de marque fortes et tenues de véhiculer un message clair de propagande ou de promotion: l'architecture comme support publicitaire. Que le message politique se veuille plus noble et le commercial plus trivial ne change rien à l'affaire. Venturi, Brown et Izenour avaient déjà dans «Learning from Las Vegas» démontré l'efficacité et la vitalité colorée et vulgaire du Strip de Las Vegas. A bien y songer, l'Arche de La Défense parisienne dans sa monumentalité abstraite pourrait bien n'être qu'un «canard» venturien cultivé.

A sa manière abrupte, Starck concrétise à Tokyo un fantasme architectural dont les émergences variées mais discrètes se multiplient depuis deux décennies: un maximum d'impact concentré dans

Zeichnung, undatiert
Dawing, undated
Dessin, non daté

Zeichnung, undatiert
Dawing, undated
Dessin, non daté

un seul bâtiment. Avec des alibis culturels et artistiques inattaquables, les architectes du groupe SITE (Sculpture in the Environment) ne procédaient pas autrement dansleurs magasins pour la firme Best Products. Du même élan, Starck bouscule aussi toutes les fausses nostalgies d'une ville européenne «à reconstruire». Là encore, il avait des précédents. Dans le chapitre de conclusion de son «New York Délire», un Rem Koolhaas provocant prophétisait la naissance d'une «ville, capitale de l'ego, où la science, l'art, la poésie et certaines formes de folie (...) rivalisent pour s'assurer la suprématie dans le processus d'invention, de destruction et de reconstruction du monde de la réalité phénoménale» en créant un paysage composant «un spectacle grandiose où se mêleront l'allégresse éthique, la fébrilité morale et la masturbation intellectuelle». Starck semble s'inscrire naturellement dans un cadre conceptuel du même ordre. S'il ne se dit pas favorable à «un urbanisme fait de chaises... fussent-elles de Starck», il imagine avec une joie anticipatrice, une ville qui se constituerait «à la manière d'un jeu d'échecs, d'objets surréalistes ou Dada». Ici encore, pas de recherche esthétique, mais une manière volontaire de doter ses objets-immeubles des capacités à provoquer un choc visuel propre à «faire travailler la tête des passants» en posant pour principe que l'avenir ne se construit pas sur le respect et en faisant confiance à la civilisation pour mettre en œuvre «son fonctionnement extrêmement sophistiqué d'auto-net-

In his abrupt fashion, in Tokyo Starck has given a concrete form to an architectonic phantasmagoria which has been emerging discreetly but multifariously in the past twenty years: maximum impact concentrated in a single building. Covering their backs with unimpeachable cultural and artistic alibis, the architects of the SITE (Sculpture in the Environment) group have been doing exactly the same in their buildings for Best. In the same outburst, Starck has also swept away all the false nostalgia directed towards »re-constructing« a European city. Here, too, he had his precedents. In the concluding chapter of his book »Delirious New York«, Rem Koolhaas provocatively prophesied the birth of a city, »the capital of the Ego, where science, art, poetry and certain forms of madness... compete for pre-eminence in the process of inventing, constructing and reconstructing the world of phenomenological reality«, by creating a landscape consisting of a »grandiose spectacle where ethical exuberance, moral feverishness and intellectual masturbation all combine.« Starck seems to set out quite naturally from the same conceptual approach. While he declares himself not to be in favour of an »urbanism consisting of chairs... not even Starck chairs«, yet, full of the joy of expectation, he looks forward to a city composed, »like a game of chess, of surrealist or Dada objects.« Here, too, he is not concerned

ität vielleicht nichts anderes als ein Venturischer Blickfang in kultivierter Form. Auf seine abrupte Weise hat Starck in Tokio eine architektonische Phantasmagorie konkretisiert, die schon während zwei Jahrzehnten in vielfältigen – wenn auch diskreten – Ansätzen sichtbar geworden ist: ein Maximum an Wuchtigkeit, konzentriert in einem einzigen Gebäude. Nicht anders verfuhren die Architekten der Gruppe SITE (Sculpture in the Environment) bei ihren Bauten für die Firma Best Products, wobei sie sich kultureller und künstlerischer Alibis bedienten, die unangreifbar waren. Im gleichen Zuge räumt Starck auch mit allen falschen Nostalgien auf, die davon träumen, eine europäische Stadt »nachzubauen«. Auch in diesem Punkt hatte er bereits Vorläufer. Im Schlußkapitel seines Buchs »Delirious New York« stellte Rem Koolhaas die provozierende These auf, es werde eines Tages eine Stadt geben, »Hauptstadt des Ego, in der die Wissenschaft, die Kunst, die Poesie und bestimmte Formen des Wahnsinns... miteinander um die Vorherrschaft im Prozeß der Erfindung, der Destruktion und Rekonstruktion der Welt der Erscheinungen rivalisieren«. Aus diesem Kampf entstünde die Landschaft »eines grandiosen Spektakels aus ethischem Überschwang, moralischer Fieberhaftigkeit und intellektueller Masturbation«. Starck scheint wie selbstverständlich von denselben konzeptionellen Ansätzen auszugehen. Auch wenn er nicht unbedingt für einen »Urbanismus der Stühle« plädiert – »... und mögen sie auch von Starck sein« –, so malt er sich doch voller Vorfreude eine Stadt aus, die »nach Art eines Schachspiels« funktionieren würde, »mit surrealistischen oder Dada-Objekten«. Auch hier geht es ihm nicht darum, ästhetischen Ansprüchen Genüge zu leisten! Vielmehr möchte er seine Objekt-Bauten ganz bewußt so gestalten, daß sie einen visuellen Schock auszulösen vermögen, der geeignet ist, »die Passanten zum Nachdenken zu bringen«. Dabei erhebt er zum Prinzip, daß sich die Zukunft nicht durch Respekt erobern läßt, und vertraut außerdem darauf, daß es der Zivilisation gelingen wird, »ihren äußerst raffinierten Mechanismus der Selbstreinigung« in Gang zu setzen. Mit der Architektur hat Starck nicht nur eine neue Ausdrucksweise für sich entdeckt, sondern zugleich ein Thema, das er erforschen kann. »Ich suche«, sagt er. »Wenn ich fündig geworden bin, werd' ich's Ihnen sagen!«

with the demands of aesthetics, but rather with a way of endowing his buildings as objects with a capacity to provoke a visual shock, calculated to »make passers-by think.« In this, he starts from the principle that the future will not be built on the basis of respect, relying rather on his confidence in »the extremely sophisticated self-cleansing power of civilization.« In architecture, Starck is discovering a new form of expression for himself, and, at the same time, a subject which he can explore. »I am searching«, he says, »and when I've found something, I'll tell you!«

toyage». Avec l'architecture, Starck découvre un nouveau mode d'expression en même temps qu'un sujet d'exploration spécifique. «Je cherche» dit-il, «quand j'aurai trouvé, je vous le dirai!»

En guise de Conclusion Provisoire

Il y a bien un phénomène Starck, une personnalité puissante et originale qui, depuis maintenant deux décennies, défriche le territoire du design, «de la cuiller à la ville», comme le définissait Ernesto Rogers. Starck est mû par des élans instinctifs et irrépressibles: une sorte de «Kunstwollen» qui serait «volonté de faire», la vocation du service d'autrui et une mentalité d'inventeur opiniâtre. A ces traits qui seraient un rien austères, il a mêlé l'humour, l'irrévérence, le plaisir et la provocation qui teintent sa production du décalage qui lui est propre. Starck soumet la société des objets à une vision décapante et salutaire. Il y a là une véritable fantaisie à l'œuvre et un esprit de visionnaire. Starck serait ainsi un condensateur avide des idées de son temps, mais à la manière vague et précise que décrivait Thomas Bernhard dans son œuvre ultime: «...Les idées qui sont de leur temps ne sont jamais de leur temps, ai-je pensé. Les idées qui sont de leur temps sont toujours en avance sur leur temps lorsqu'elles sont effectivement des idées de leur temps, ai-je pensé. Ce qui est de son temps est donc effectivement toujours ce qui n'est pas de son temps, ai-je pensé, (...). Je suis de mon temps signifie, il faut que ma pensée soit en avance, cela ne signifie pas que j'agis en fonction de mon temps, car agir en fonction de son temps signifie être en retard sur son temps, et ainsi de suite...»

In Place of a Provisional Conclusion

There is certainly such a thing as a phenomenon called Starck, a powerful, original personality who for the past twenty years has been ploughing the fields of design, »from the spoon to the city«, as Ernesto Rogers has put it. Starck is moved by instinctive and irrepressible impulses: a kind of »will to do«; his vocation to serve his fellowman, and his obstinate inventor's mentality. To these somewhat austere features he has added the humour, the irreverence, the pleasure and the provocativeness which make his output so characteristically disturbing. Starck submits the society of objects to a salutary scouring examination. In him, we see a veritable fantasy at work, a visionary spirit. Starck could thus be seen as one avidly absorbing the ideas of the age; but in the manner both vague and precise as was described by Thomas Bernhard in his last work: »The ideas which are of their time are never of their time, I thought. The ideas which are of their time are always ahead of their time when they are really ideas of their time, I thought. What is of its time is thus really always what is not of its time, I thought... I am of my time means my thinking must be ahead of its time, it does not mean I act as my time demands, for to act as one's time demands means to be behind one's time, and so on...«

Statt eines vorläufigen Schlusses

Es gibt durchaus so etwas wie ein Phänomen Starck: Eine starke, eigenwillige Persönlichkeit, die seit mittlerweile zwei Jahrzehnten das Terrain des Designs beackert, und zwar »vom Löffel bis zur Stadt«, wie Ernesto Rogers es definierte. Es sind instinktive, unwiderstehliche Impulse, von denen Starck angetrieben wird: eine Art »Kunstwollen«, das sich bei ihm als »Machenwollen« äußert, die Berufung zum Dienst am Nächsten und eine ausgesprochene Tüftler-Mentalität. Diese etwas puritanischen Züge paaren sich mit dem Humor, der Frechheit, Lust und Provokation, die seine Produktion so irritierend und einmalig erscheinen lassen. Starck unterzieht die Gesellschaft der Objekte einer reinigenden und heilsamen Sicht. Er betätigt sich gewissermaßen als Visionär, der eine regelrechte Zukunftswelt entwirft. So gesehen ist Starck jemand, der die Ideen seiner Zeit begierig in sich aufnimmt und verdichtet – freilich in der zugleich vagen und präzisen Weise, wie Thomas Bernhard sie in einem seiner letzten Werke (»Die Auslöschung«, Frankfurt/M. 1986) beschrieben hat: »Die zeitgemäßen Gedanken sind immer unzeitgemäß, dachte ich. Die zeitgemäßen Gedanken sind ihrer Zeit immer voraus, wenn sie die tatsächlich zeitgemäßen sind, dachte ich. Das Zeitgemäße ist also tatsächlich immer das Unzeitgemäße, dachte ich (...) Ich bin zeitgemäß, heißt, ich habe voraus zu sein mit meinem Denken, es heißt nicht, daß ich zeitgemäß handle, denn zeitgemäß handeln heißt, daß es unzeitgemäß ist, und so fort.«

Olivier Boissière
Paris, 1991

29

FURNITURE

Joe Miller, 1972

Dr. Bloodmoney, 1977

Francesca Spanish, 1979/80   Mrs. Frick, 1985

Miss Dorn, 1982

Doctor Sonderbar, 1983

Miss Wirt, 1982

Von Vogelsang, 1984

Mr. Bliss, 1982

Costes, 1984

p. 39:
Romantica, 1987

Ara, 1985
Hocker / Stool / Tabouret

J. (Serie Lang), 1984

Colucci, 1986

Ed Archer, 1987

Lola Mundo, 1986

Placide of Wood, 1989

Dick Deck, 1987

Jane Paille, 1987

Bob Dubois, 1987

Tessa Nature, 1988

Anna Rustica, 1986

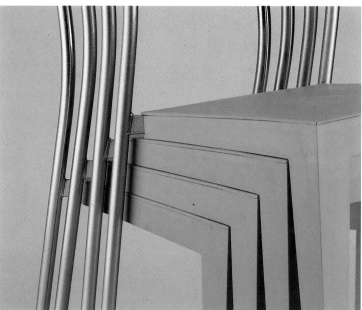

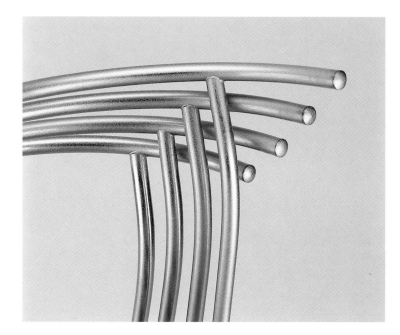

p. 48/49:
Dr. Glob, 1988
Stapelstuhl
Stacking Chair
Chaise empilable;
Miss Balù, 1988
Tisch / Table

Dr. Glob, 1988
Details

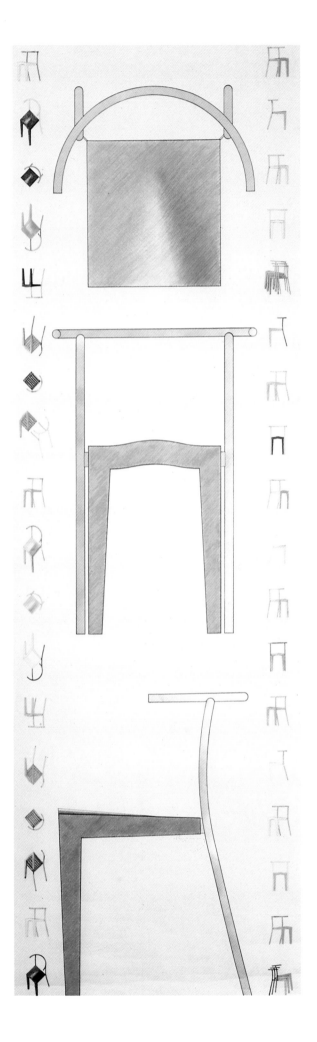

Dr. Glob, 1988
Entwurfszeichnung
Design drawing
Dessin de conception

Drehbarer Friseurstuhl, 1989
Hairdresser's swivel chair
Chaise de coiffeur tournante

Friseurstuhl, 1989
Hairdresser's chair
Chaise de coiffeur

Höhenverstellbarer Friseurhocker, 1989
Height-adjustable hairdresser's stool
Tabouret réglable de coiffeur

Friseurstuhl, 1989
Hairdresser's chair
Chaise de coiffeur

p. 53:
Superglob, 1991

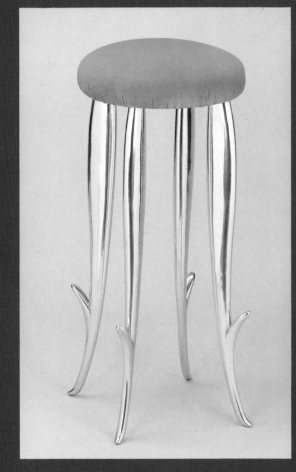

Royalton Bar stool, 1988

p. 54:
Lilla Hunter, 1988

Royalton Bar stool, 1988
Detail

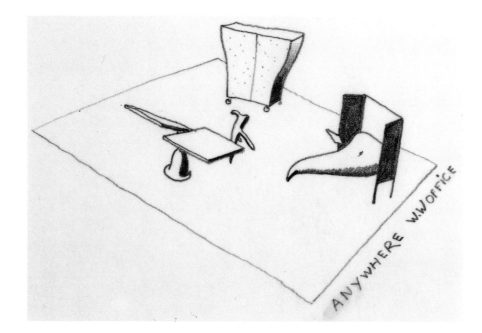

Büromöbel für das Büro von Wim Wenders
(Entwurfszeichnung), 1990
Office furniture for Wim Wenders' office
(design drawing)
Meubles de bureau pour le bureau de Wim Wenders
(dessin de conception)

p. 57:
Hocker (Prototyp), 1990
Stool (prototype)
Tabouret (prototype)

Paramount, 1989
Lehnstuhl
Easy chair
Bergère

Royalton, 1990
Sessel und Hocker
Armchair and stool
Fauteuil et tabouret

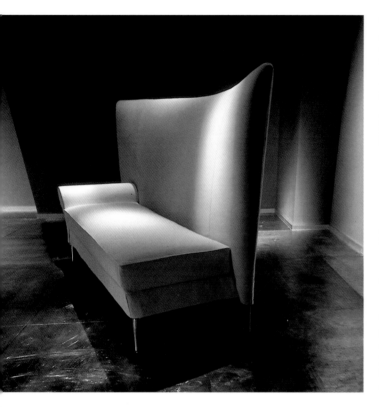

Royalton, 1990
Sofa mit einer Armlehne
Sofa with one armrest
Sofa avec un accoudoir

Royalton, 1990
Sofa mit zwei Armlehnen
Sofa with two armrests
Sofa avec deux accoudoirs

Asahi, 1989
Lehnstuhl
Easy chair
Bergère

Royalton, 1989
Stuhl und Bank
Chair and bench
Chaise et banc

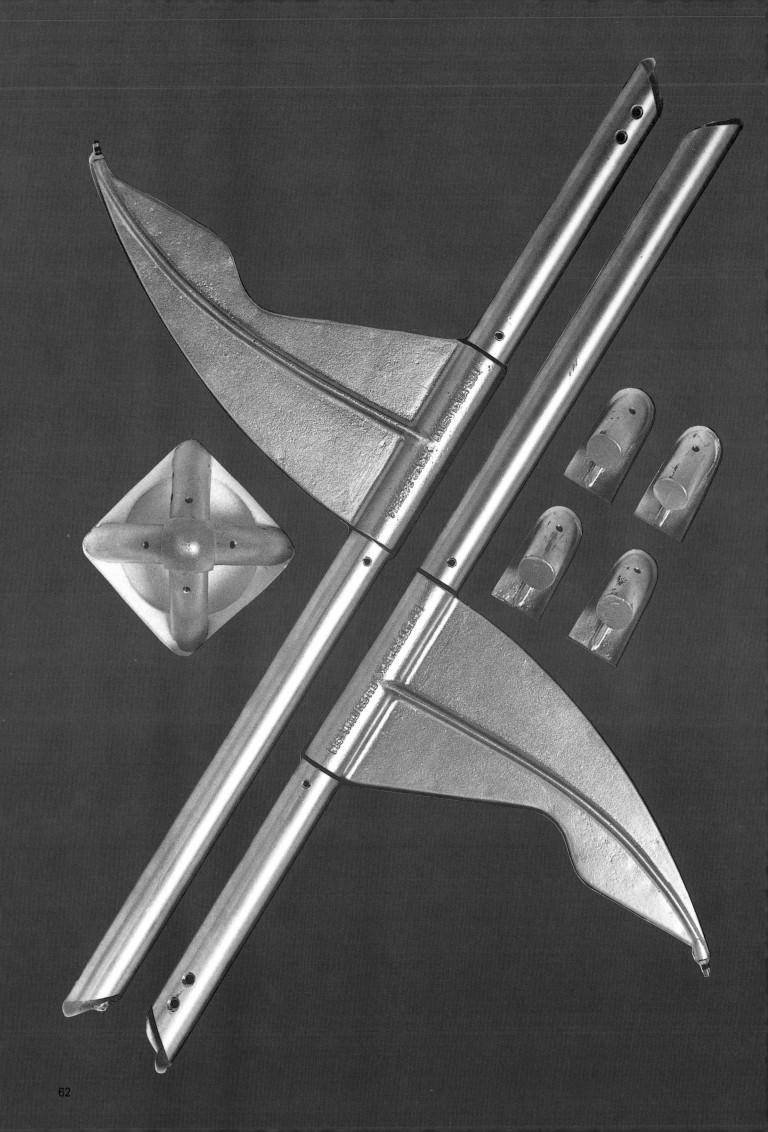

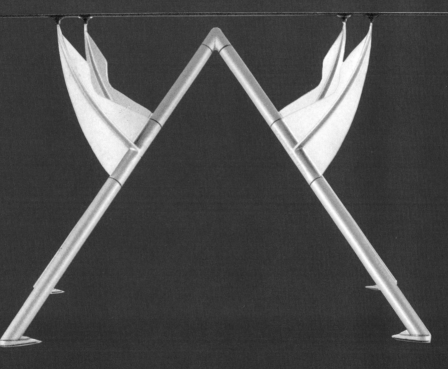

Président M., 1981

p. 62:
Président M., 1981
Zerlegbarer Bausatz
Construction set capable of disassembly
Jeu de construction démontable

Dole Melipone, 1981

Titos Apostos, 1985

Tippy Jackson, 1982

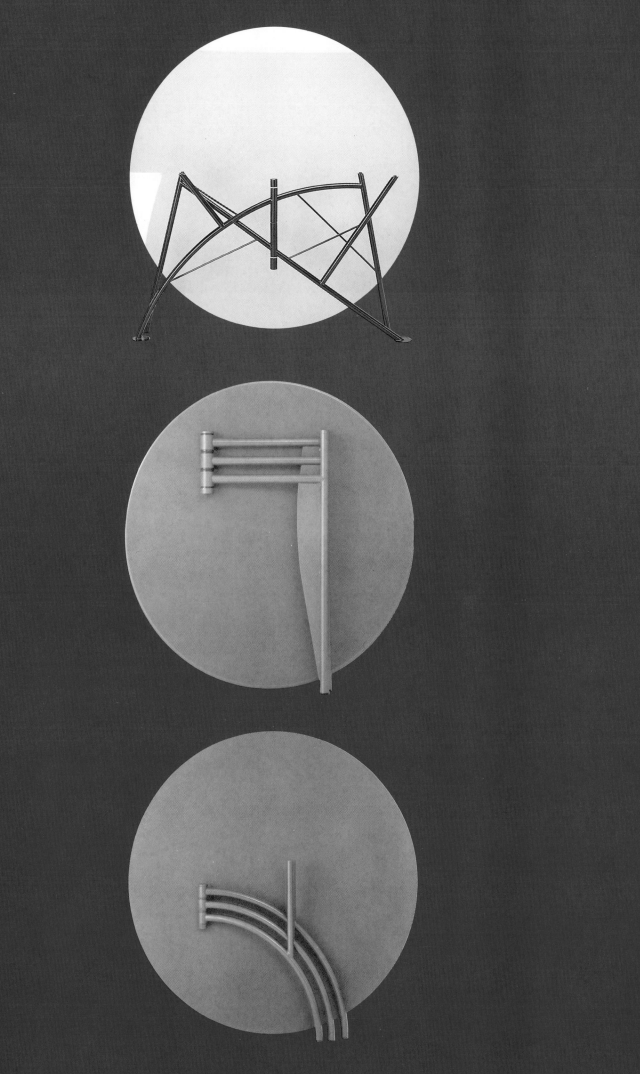

M. (Serie Lang), 1987
Runde Ausführung
Circular version
Version ronde

M. (Serie Lang), 1987
Quadratische Ausführung
Square version
Version carée

p. 68/69:
M. (Serie Lang), 1987
Rechteckige Ausführung
Rectangular version
Version rectangulaire

Nina Freed, 1985

Arnie Kott, 1987

June Henessy, 1987

p. 71:
links / left / à gauche:
Clown, 1987
rechts / right / à droite:
Psiche, 1987

John Ild, 1977

Mac Gee, 1977

Howard, 1986

Herbert Schoenheit, 1986

Miss Yee, 1987

Easylight, 1979

Stanton Mick, 1979

Tamish, 1984

La lune sans le chapeau, 1986

Soudain le sol trembla, 1981

Luci Fair, 1989

Ara, 1988

INTERIOR DESIGN AND ARCHITECTURE

CAFE COSTES, PARIS

1984

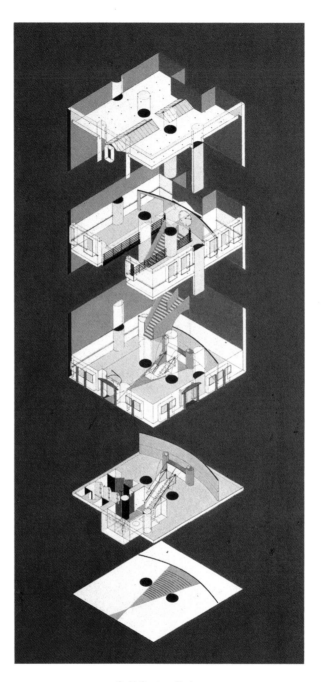

Café Costes, Paris:
Isometrie
Isometric elevation
Isométrie

p. 85:
Gesamtansicht
Overall view
Vue d'ensemble

Café Costes, Paris:
Sitzgelegenheit im ersten Stock
Seating on the first floor
Sièges au premier étage

p. 87:
Säule (Detail)
Pillar (detail)
Pilier (détail)

RESTAURANT MANIN, TOKYO

1987

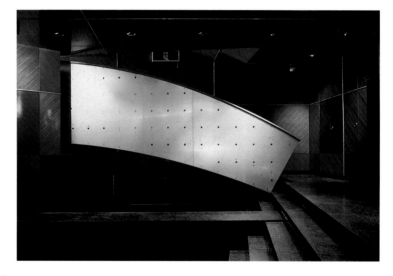

Restaurant Manin, Tokyo:
Eingangsbrücke zu dem unterirdisch gelegenen Restaurant
Entrance bridge to an underground restaurant
Passerelle conduisant au restaurant souterrain

p. 89:
Eingangsbrücke (Detail)
Entrance bridge (detail)
Passerelle d'entrée (détail)

Restaurant Manin, Tokyo:
Wandvertäfelung des Restaurants: Mahagoni und Samt
Wall panelling in the restaurant: mahogany and velvet
Revêtement mural du restaurant: acajou et velours

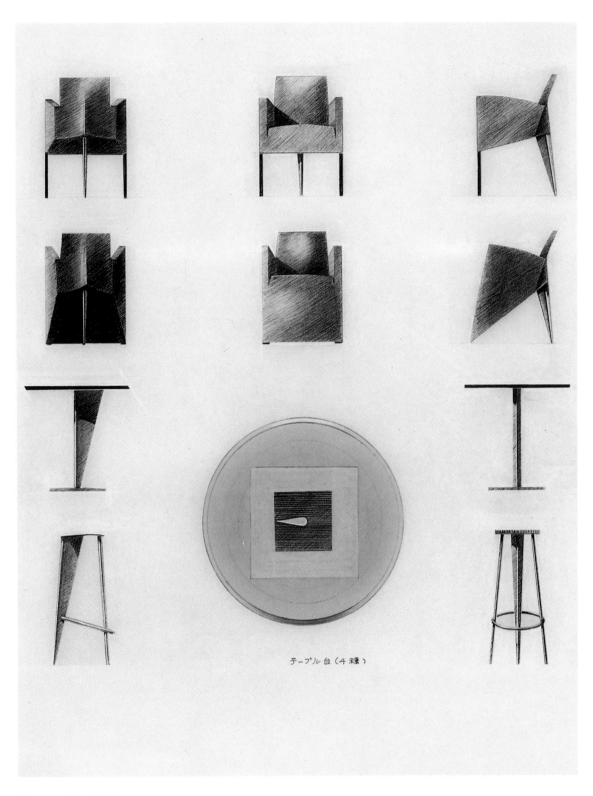

テーブル台（4種）

Restaurant Manin, Tokyo:
Zeichnung: Mobiliarentwürfe, 1985
Drawing: furniture designs
Dessin: croquis du mobilier

Restaurant Manin, Tokyo:
Waschraum (Detail): Weißes Marmorwasch-
becken vor einer blauen Glaswand
Washroom (detail): white marble wash basin
against a blue glass wall
Lavabos (détail): cuvette en marbre blanc devant un mur vitré bleu

p. 92:
Blick auf die ins Restaurant führende Treppe
aus schwarzem Granit
The black granite steps leading into
the restaurant
Vue sur l'escalier en granit noir menant
au restaurant

p. 94/95:
Sicherheitskonstruktion gegen
Erdbebenerschütterung
Earthquake precautions
Dispositif de sécurité contre les
secousses sismiques

MAISON LEMOULT, PARIS
Private Home
1987

Maison Lemoult, Paris:
Architekturmodell, 1986
Scale model
Maquette d'architecture

p. 97:
Fassadenansicht
Façade
Vue de la façade

Maison Lemoult, Paris:
Badbereich mit Waschtisch
Bath area with washstand
Partie salle de bains avec lavabo

p. 98:
Gesamtansicht des Innenraums
Interior view
Vue générale de l'intérieur

HOTEL ROYALTON, NEW YORK
1988

Hotel Royalton, New York:
Fassadenansicht
Façade
Vue de la façade

p. 101:
Korridor (Teppichgestaltung: Brigitte Starck)
Corridor (carpet design: Brigitte Starck)
Couloir (conception des tapis: Brigitte Starck)

Hotel Royalton, New York:
Eingangshalle
Lobby
Hall d'entrée

Hotel Royalton, New York:
Bad eines Hotelzimmers
Hotel bathroom
Salle de bains d'une chambre de l'hôtel

Hotel Royalton, New York:
Kaminecke in einer der insgesamt vierzig
Suiten des Hotels
Fireplace in one of the hotel's forty suites
Coin cheminée dans l'une des quarante suites
de l'hôtel

Hotel Royalton, New York:
Doppelzimmer
Double room
Chambre à deux lits

NANI NANI, TOKYO

**Café / Restaurant /
Offices / Showrooms
1989**

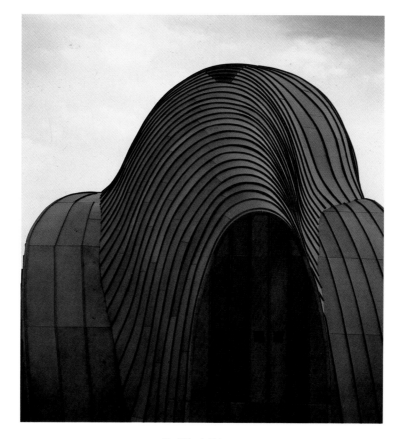

Nani Nani, Tokyo:
Detail der Rückansicht des Gebäudes mit grün
oxidierter Kupferummantelung
Detail of rear of building with green oxidized cladding
Détail de l'arrière du bâtiment avec un revêtement
en cuivre à oxydation verte

p. 107:
Gesamtansicht bei Nacht
Night view
Vue d'ensemble la nuit

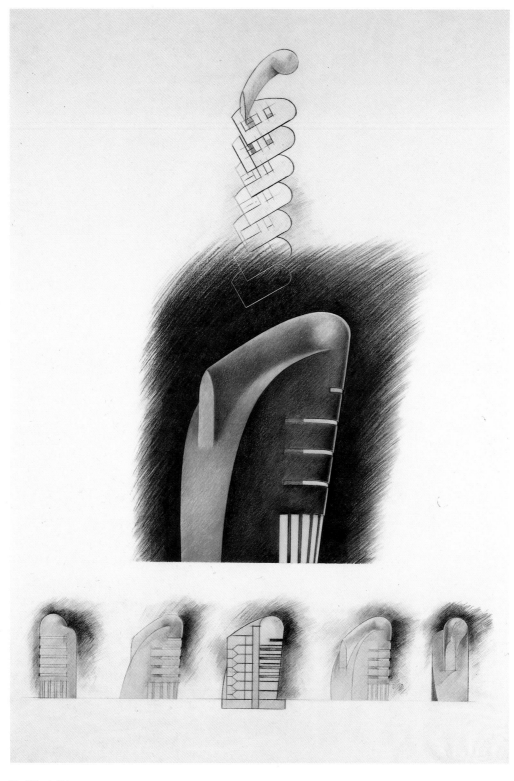

Nani Nani, Tokyo:
Entwurfszeichnung, 1987
Design drawing
Dessin de conception

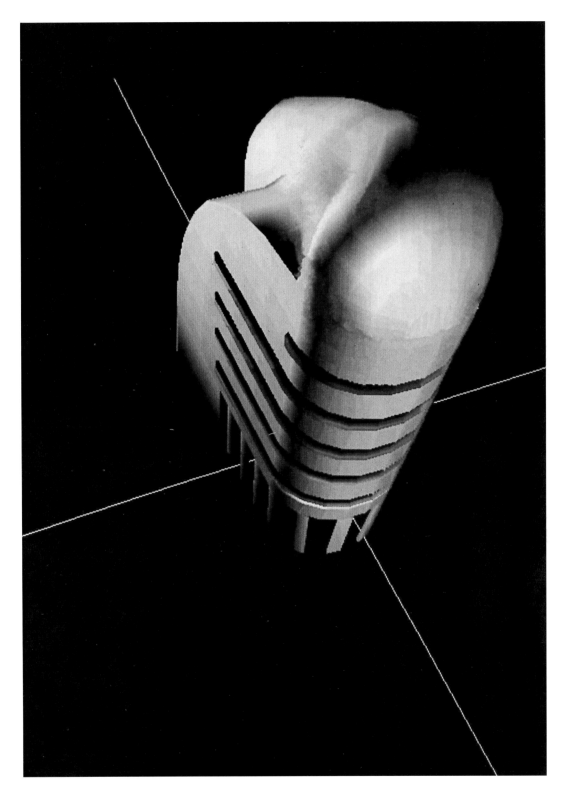

Nani Nani, Tokyo:
Computergraphik, 1987
Computer graphic
Dessin assisté par ordinateur

ASAHI, TOKYO

Brasserie / Restaurant /
Bar / Multi-purpose hall
1990

Asahi, Tokyo:
Gesamtansicht bei Nacht
Night view
Vue d'ensemble la nuit

p. 111:
Außenansicht bei Nacht: Detail der goldfarbenen
Flamme auf dem Dach des schwarzen
Granitgebäudes
Exterior at night: detail of the golden flame on
the roof of the black granite building
Vue extérieure la nuit: détail de la flamme do-
rée sur le toit du bâtiment en granit noir

p. 112/113:
Außenansicht: Detail der goldfarbenen Flamme
auf dem Dach des schwarzen Granitgebäudes
Exterior: detail of the golden flame on the roof
of the black granite building
Vue extérieure: détail de la flamme dorée sur le
toit du bâtiment en granit noir

Asahi, Tokyo:
Treppe aus weißem Marmor als Aufgang zu
Brasserie und Restaurant im ersten Stock
White marble stairs to the brasserie and res-
taurant on the first floor
Escalier en marbre blanc conduisant à la brasse-
rie et au restaurant du premier étage

Asahi, Tokyo:
Segelähnlich auslaufende, bemalte Rückwand
einer Trennwand aus Velour, gehalten von einer
Zierkordel
Sail-like painted rear of a velour partition with
decorative cording
Paroi arrière peinte de la cloison en velours se
terminant en forme de voile et retenue par
une cordelette d'ornement
(Gemälde/Painting/Peinture: Jean Michel Alberola)

p. 116/117:
Damentoilette und Waschraum
Ladies' washroom
Toilettes pour dames et lavabos

RESTAURANT TEATRIZ, MADRID

1990

Restaurant Teatriz, Madrid:
Eingangshalle und Eingangstür
Entrance hall and front door
Hall d'entrée et porte d'entrée

p. 119:
Eingangshalle mit Säulen
Entrance hall with pillars
Hall d'entrée avec piliers

p. 120:
Blick in das Restaurant
View into the restaurant
Vue du restaurant

Restaurant Teatriz, Madrid:
Fußbodengestaltung nach
einem Gemälde von Giorgio de Chirico
Floor design, based on a painting by
Giorgio de Chirico
Décoration du plancher d'après un
tableau de Giorgio de Chirico

Zugang zu dem an den Restaurantbereich
angrenzenden Korridor
Access to the corridor adjacent to the
restaurant
Accès au couloir longeant la partie restaurant

Restaurant Teatriz, Madrid:
Deckengestaltung
Ceiling
Décoration du plafond

Korridor mit beleuchteten Wandtafeln und
Eingang zu den Toilettenräumen
Corridor with illuminated wall panelling and
entrance to washrooms
Couloir avec tableaux muraux éclairés et
entrée des toilettes

Restaurant Teatriz, Madrid:
Seitenansicht der vom Restaurant aus
zugänglichen Bar
Side view of the bar reached via the restaurant
Vue du bar accessible par le restaurant

p. 122:
Blick auf die Bar aus selbstleuchtendem Onyx
vor einem großen Spiegel
View of the bar, luminous onyx before a large
mirror
Vue du bar, en onyx illuminé de l'intérieur et
placé devant une grande glace

Restaurant Teatriz, Madrid:
Salon im Untergeschoß
Basement saloon
Salon au sous-sol

Restaurant Teatriz, Madrid:
Waschraum mit Waschtischen aus reich ver-
zierten Holzrahmen und Marmorplatten
Washroom with marble and ornamental wood-
frame basins
Lavabos avec cuvettes aux cadres en bois
richement décorés et plaques de marbre

Blick auf die Bar im ersten Stockwerk
The bar on the first floor
Vue du bar au premier étage

Restaurant Teatriz, Madrid:
Detail des Waschtisches
Detail of the washstand
Détail de lavabo

Zugang zum Salon im Untergeschoß
Access to the basement saloon
Accès au salon au sous-sol

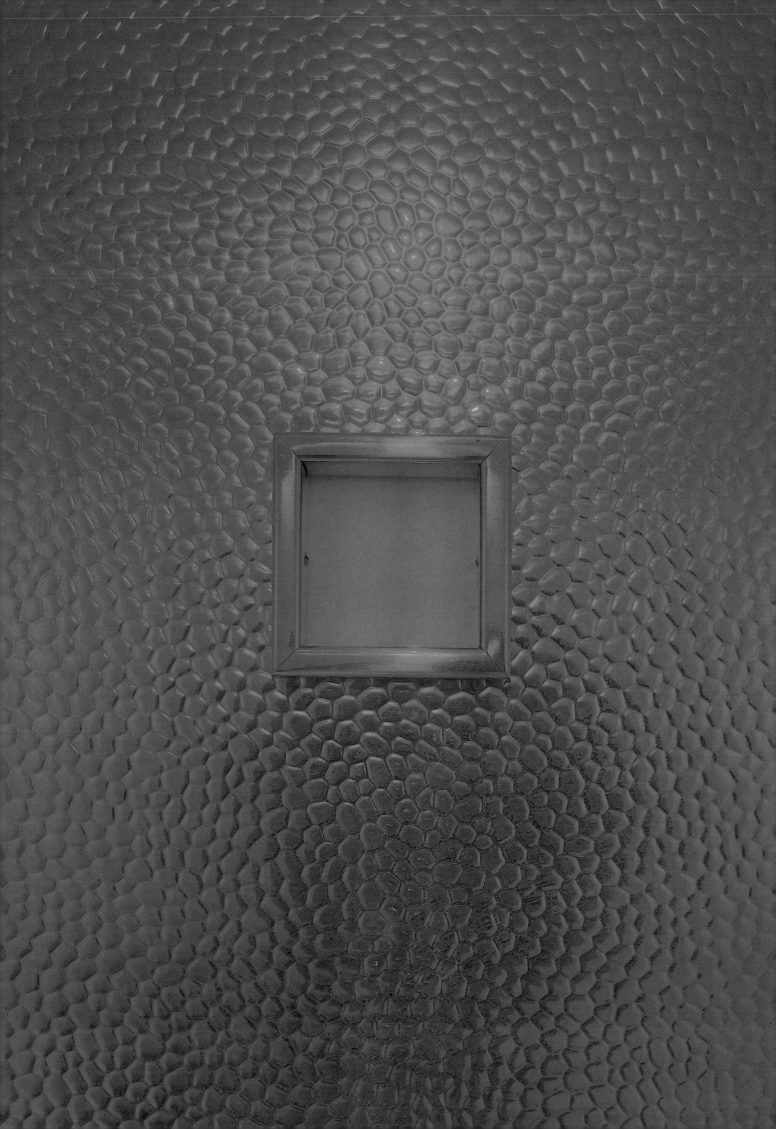

Restaurant Teatriz, Madrid:
Gekachelte Toilettenkabinen mit Metalltüren
Tiled toilet cubicles with metal doors
Cabinets avec carrelage et portes métalliques

p. 126:
WC-Tür (Detail)
WC door (detail)
Porte de cabinet (détail)

HOTEL PARAMOUNT, NEW YORK
1990

Hotel Paramount, New York:
Fassadenansicht
Façade
Vue de la façade

p. 129:
Eingangsbereich (Detail)
Entrance (detail)
Entrée (détail)

p. 130:
Hotel Paramount, New York:
Detail der Eingangshalle (Chaiselongue von
dem australischen Designer Mark Newson)
Detail of the lobby (chaise-longue by the Austra-
lian designer Mark Newson)
Détail du hall d'entrée (chaise longue du de-
signer australien Mark Newson)

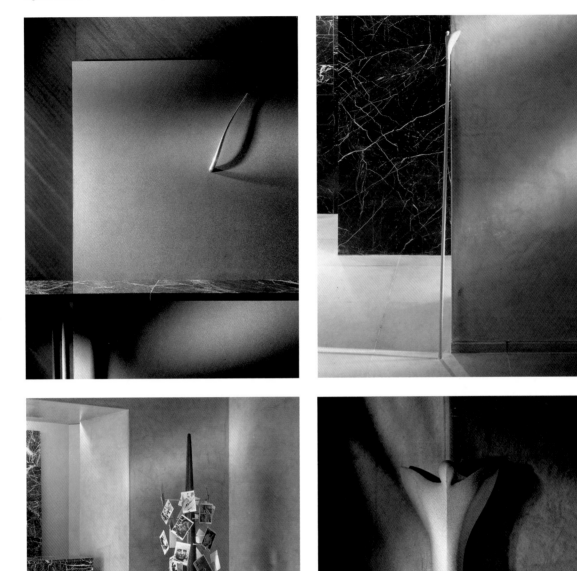

Hotel Paramount, New York:
Konferenzraum im Mezzaningeschoß (Detail)
Conference room on the mezzanine (detail)
Salle de conférence à l'entresol (détail)

Postkartenständer aus Mahagoni
Mahogany postcard stand
Présentoir de cartes postales en acajou

Hotel Paramount, New York:
Eckschoner aus mattiertem Gußaluminium
Protective cladding in matt-finish cast
aluminium
Protège-coin en aluminium coulé dépoli

Eckschoner (Detail)
Cladding (detail)
Protège-coin (détail)

Hotel Paramount, New York:
Waschraum im Bereich der Eingangshalle
Washroom in the lobby area
Lavabos dans la partie du hall d'entrée

p. 133:
WC und Papierspender
WC and paper dispenser
WC et distributeur de papier

INDUSTRIAL DESIGN

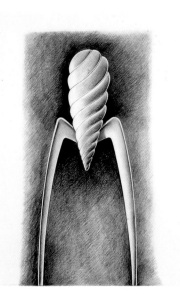

Juicy Salif, 1988
Entwurfszeichnung
Design drawing
Dessin de conception

Juicy Salif, 1990
Zitronenpresse
Lemon squeezer
Presse-citron

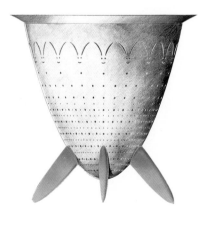

Hot Bertaa, 1987
Entwurfszeichnung
Design drawing
Dessin de conception

Hot Bertaa, 1990
Wasserkessel
Kettle
Bouilloire

Max Le Chinois, 1987
Entwurfszeichnung
Design drawing
Dessin de conception

Max Le Chinois, 1990
Sieb
Colander
Passoire

p. 136:
Miss Zenzen, 1986
Architekturmodell
Scale model
Maquette d'architecture

p. 138/139:
Juicy Salif, 1988
Zitronenpressen
Lemon squeezers
Presse-citron

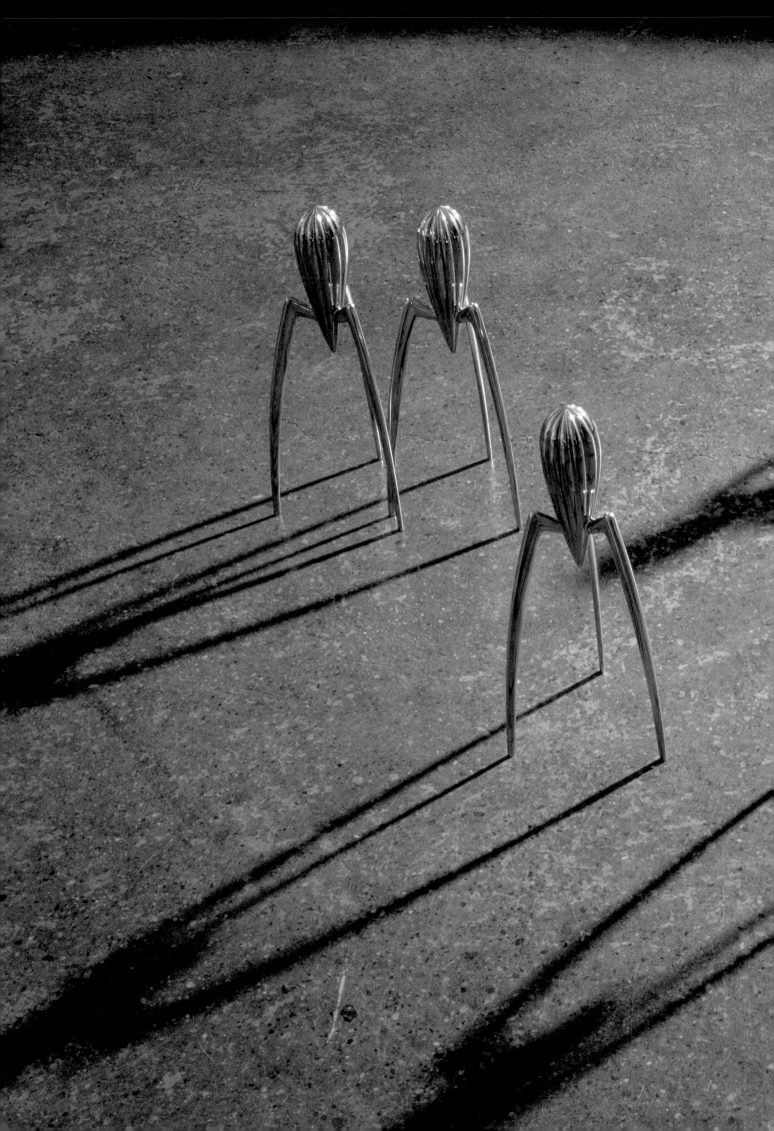

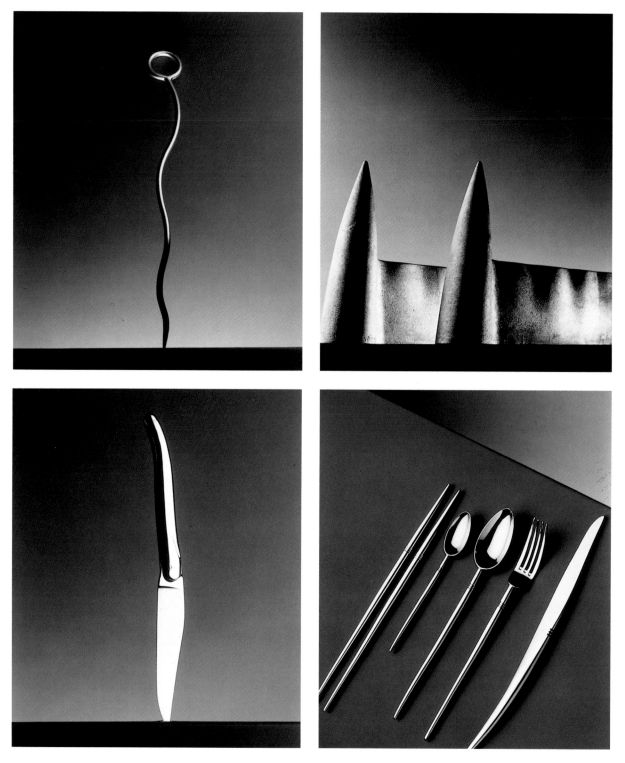

Picfeu, 1986
Schürhaken
Poker
Tisonnier

Laguiole, 1986
Messer
Knife
Couteau

Tito Lucifer, 1986
Kaminböcke
Andirons
Chenets

Objets Pointus, 1986
Besteck
Tableware
Couverts

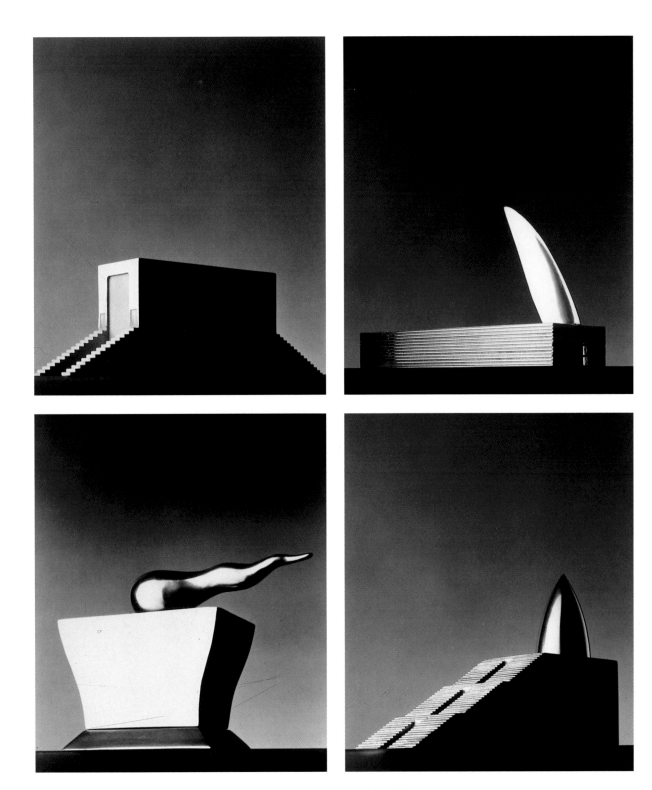

Lemoult, 1986
Architekturmodell
Scale model
Maquette d'architecture

Asahi, 1986
Architekturmodell
Scale model
Maquette d'architecture

Laguiole, 1987
Architekturmodell
Scale model
Maquette d'architecture

Moondog, 1987
Architekturmodell
Scale model
Maquette d'architecture

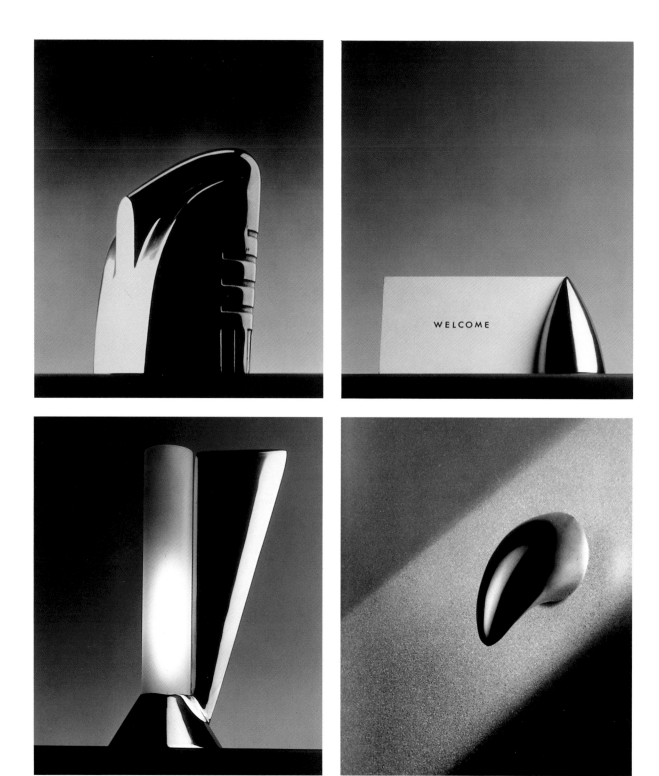

Nani Nani, 1986
Architekturmodell
Scale model
Maquette d'architecture

Luciana Fortyfour, 1988
Windlicht
Table candlestick
Photophore

Berta Youssouf, 1987
Kartenhalter
Tablecard holder
Porte-carte

Mimi Bayou, 1987
Griff
Handle
Poignée placard

Chab Wellington, 1987
Kleiderhaken
Coat hook
Patère

Smoky Christiani, 1986
Korkenzieher
Corkscrew
Tire-bouchon

Joe Raspoutine, 1987
Wandkerzenhalter
Wall candlestick
Bougeoir mural

Miss Donna, 1987
Spiegel
Mirror
Miroir

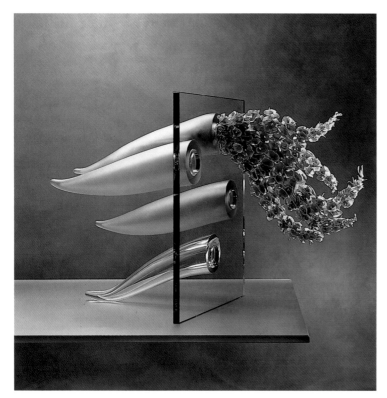

Vier Seltsamkeiten gegen eine Wand, 1988
Four curiosities against a wall
Quatre Étrangetés contre un mur
Vase

Eine Seltsamkeit gegen eine Wand, 1988
One curiosity against a wall
Une Étrangeté contre un mur
Vase

Eine Seltsamkeit unter einer Wand, 1988
One curiosity below a wall
Une Étrangeté sous un mur
Vase

Die Seltsamkeit, 1988
The curiosity
L'Étrangeté
Vase

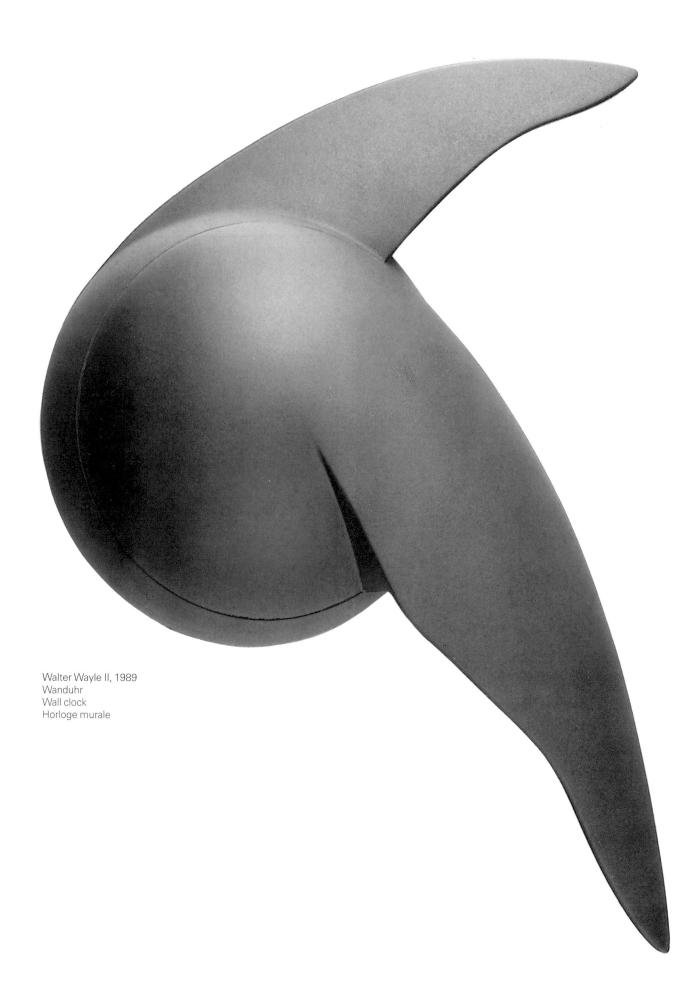

Walter Wayle II, 1989
Wanduhr
Wall clock
Horloge murale

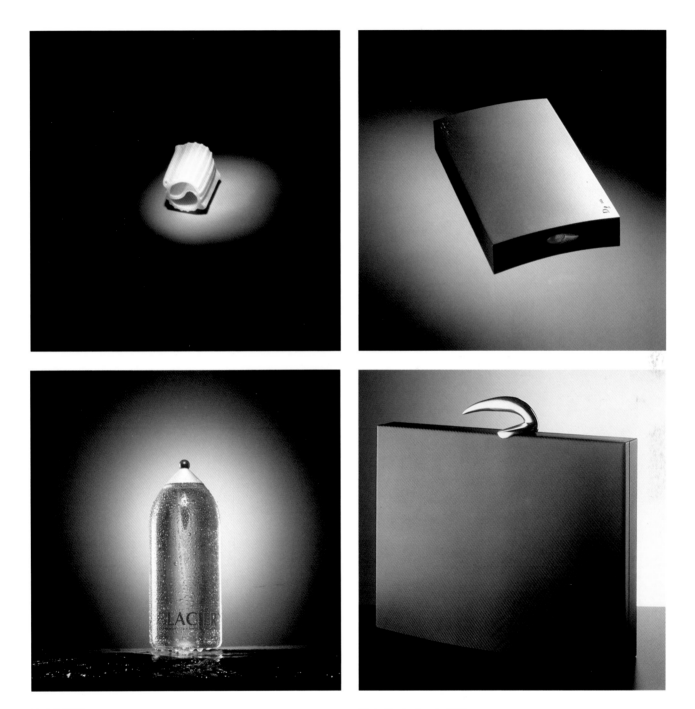

Nudel, 1987
Pasta
Pâte

Mineralwasserflasche, 1991
Mineral water bottle
Bouteille d'eau minérale

Diskettenlaufwerk, 1991
Computer disk drive
Lecteur de disquette

Aktenkoffer, 1990
Attaché case
Attaché-case

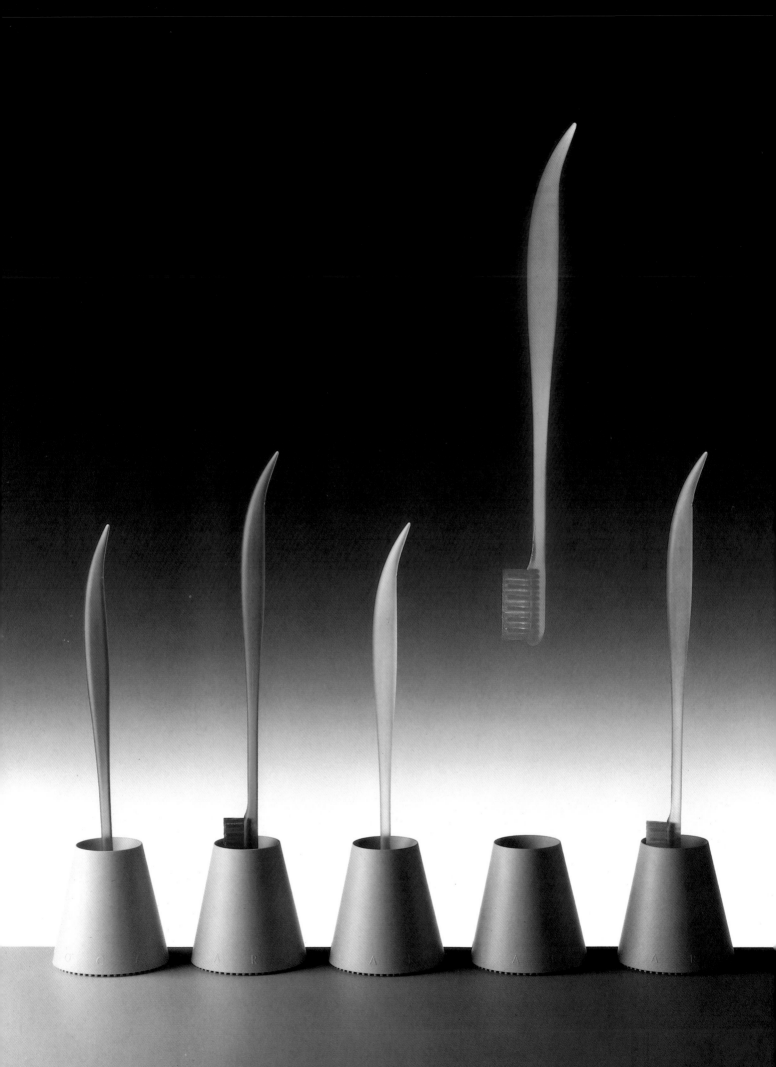

Zahnbürste, 1989
Toothbrush
Brosse à dents

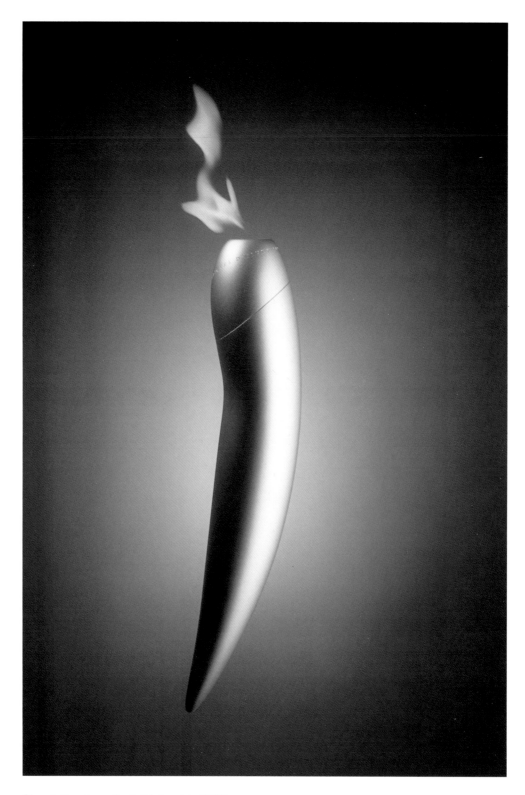

Olympisches Feuer für die Winterspiele (1992)
in Albertville, 1991
Olympic Flame for the Winter Olympics (1992)
at Albertville
Flambeau Olympique pour les Jeux d'hiver (1992)
d'Albertville

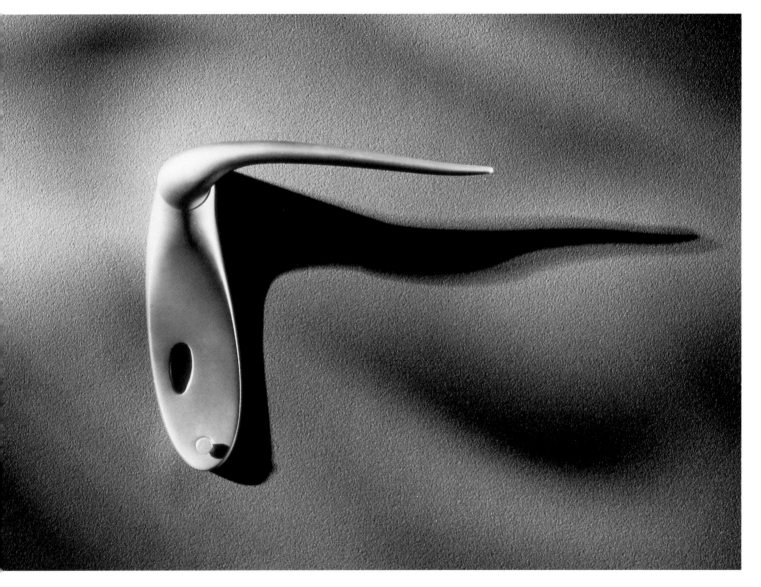

ürgriff (Prototyp), 1991
)oor handle (prototype)
'oignée de porte (prototype)

PROJECTS

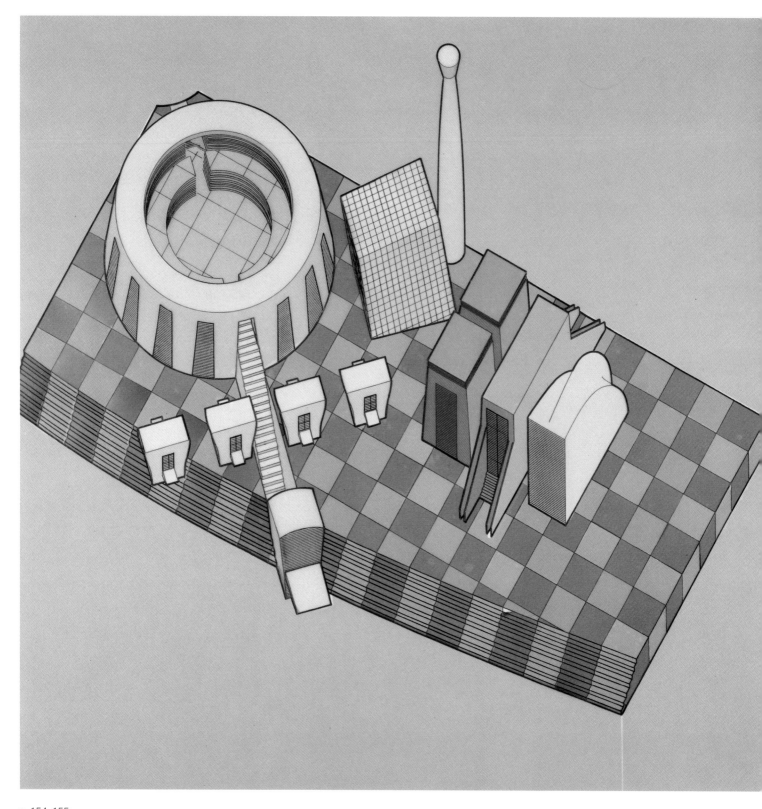

p. 154, 155:
La Rue Starck, 1990/91
Miets- und Bürohäuser auf einer Seineinsel bei
Paris
Tenement and office blocks on an island in the
Seine near Paris
Immeubles de rapport et de bureaux sur une île
de la Seine près de Paris

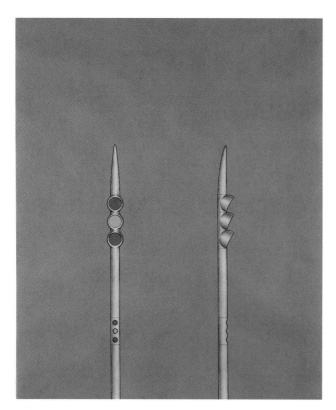
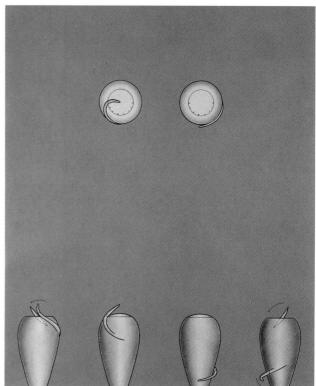

p. 156/157:
Stadtmöbel, 1990/91
Urban fittings
Mobilier urbain
Verkehrsampel, Abfallbehälter und Straßen-
laterne
Traffic light, garbage container and street lamp
Feux de signalisation, poubelle et réverbère

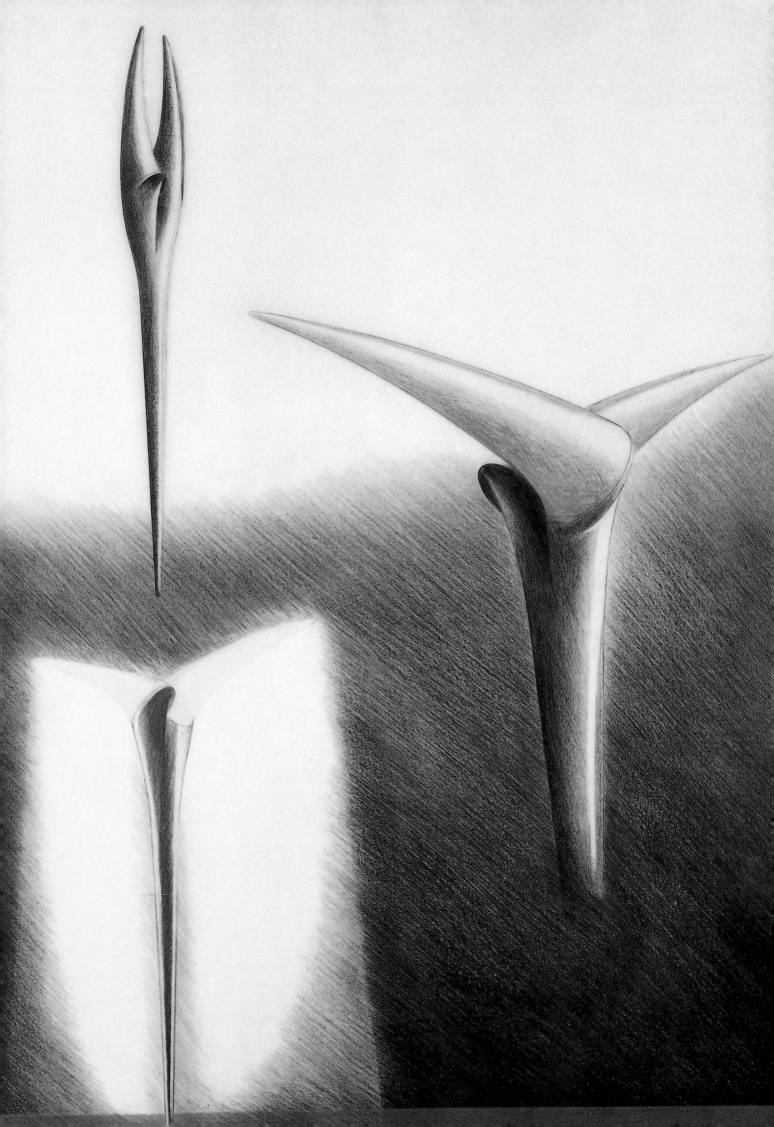

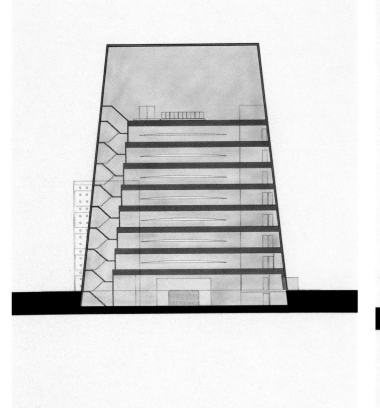

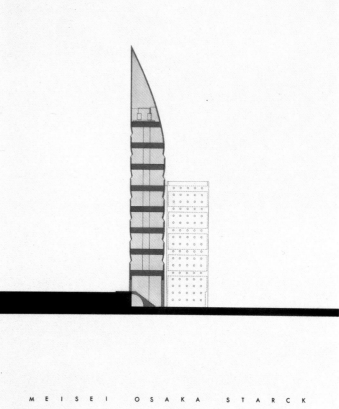

M E I S E I   O S A K A   S T A R C K

M E I S E I   O S A K A   S T A R C K

Der grüne Baron, 1991
The green baron
Le baron vert
Bürogebäude in Osaka (Querschnitte),
Office block in Osaka (sectional drawings)
Immeuble de bureaux à Osaka (coupes)

p. 158:
Der grüne Baron, 1991
The green Baron
Le baron vert
Bürogebäude in Osaka
Office block in Osaka
Immeuble de bureaux à Osaka

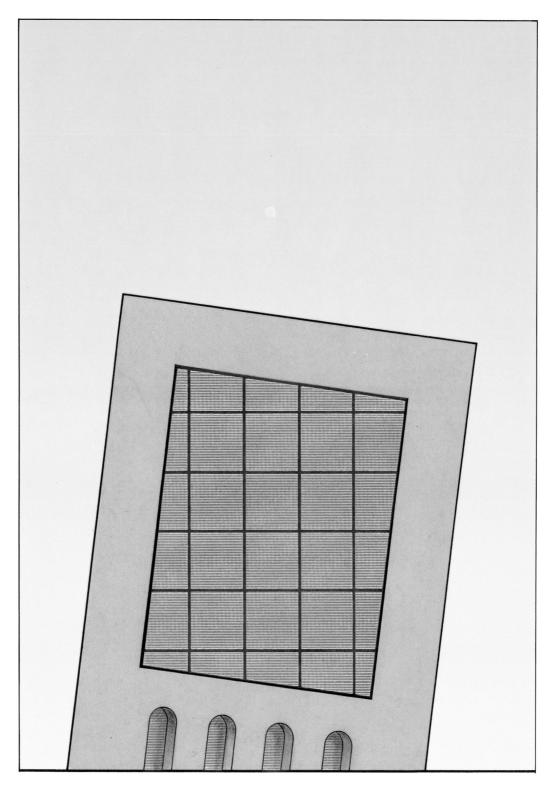

Der Winkel, 1992
The angle
L'angle
Gebäude auf der Brücke von Antwerpen
Building on the bridge of Antwerp
Immeuble sur le pont d'Anvers

Starck House, 1992
Residenz auf der Ile Saint Germain in Paris
Residence on the Ile Saint Germain in Paris
Résidence sur l'Ile Saint Germain à Paris

Sechs Holzwürfel in L. A., 1992
Six wooden cubes in L. A.
Six cubes de bois à L. A.
Wohnhaus in Los Angeles
Residential building in Los Angeles
Immeuble d'habitation à Los Angeles

»474«, 1992
Wohnhaus in Los Angeles
Residential building in Los Angeles
Immeuble d'habitation à Los Angeles

Bildlegenden
Captions
Légendes

Die Maßangaben beziehen sich auf:
Höhe × Breite × Tiefe.
The measurements refer to:
height × breadth × depth.
Les mesures se rapportent à la:
hauteur × largeur × profondeur.

32 Joe Miller, 1972
Klappstuhl (Prototyp)
Folding chair (prototype)
Chaise pliante (prototype)
Stahlrohr, Holz
Steel tubing, wood
Tube d'acier, bois
87 × 38 × 45 cm

32 Dr. Bloodmoney, 1977
Stuhl (zerlegbar)
Chair (capable of disassembly)
Chaise (démontable)
Epoxy, Stahlrohr, Leinen
Epoxy, steel tubing, canvas
Epoxy, tube d'acier, toile de lin
80 × 54 × 50 cm
Disform, 1982 ff./suiv.

33 Francesca Spanish, 1979/80
Klappstuhl / Folding chair / Chaise pliante
Epoxy, Stahlrohr, Kunststoff
Epoxy, steel tubing, synthetics
Epoxy, tube d'acier, plastique
79 × 51 × 49,5 cm
Baleri, 1984 ff./suiv.

33 Mrs. Frick, 1985
Klappstuhl / Folding chair / Chaise pliante
Epoxy, Stahl / Epoxy, steel / Epoxy, acier
87 × 37,5 × 45 cm
Trois Suisses, 1985 ff./suiv.

34 Miss Dorn, 1982
Stuhl / Chair / Chaise
Epoxy, Stahlrohr, Stoff, Polsterung
Epoxy, steel tubing, material, padding
Epoxy, tube d'acier, tissu, rembourrage
70,5 × 53,5 × 46,8 cm
Disform, 1983 ff./suiv.

34 Doctor Sonderbar, 1983
Lehnstuhl / Easy chair / Bergère
Metall (vernickelt)
Nickel-plated metal
Métal (nickelé)
63 × 90 × 47 cm
X.O., 1985

34 Miss Wirt, 1982
Stuhl (zerlegbar)
Chair (capable of disassembly)
Chaise (démontable)
Epoxy, Stahlrohr, Stoff, Polsterung
Epoxy, steel tubing, material, padding
Epoxy, tube d'acier, tissu, rembourrage
110 × 60 × 46,8 cm
Disform 1983 ff./suiv.

34 Von Vogelsang, 1984
Stapelstuhl
Stacking chair
Chaise empilable
Epoxy, Stahlrohr
Epoxy, steel tubing
Epoxy, tube d'acier
71 × 54 × 51 cm
Driade, 1985 ff./suiv.

35 Mister Bliss, 1982
Kniehocker / Stool / Agenouilloir
Epoxy, Stahlrohr, Stoff, Polsterung
Epoxy, steel tubing, material, padding
Epoxy, tube d'acier, tissu, rembourrage
50 × 40 × 58 cm
X.O., 1984 ff./suiv.

36, Costes, 1984
37 Stuhl / Chair / Chaise
Epoxy, Stahlrohr, gepolsterter Ledersitz,
Mahagoni
Epoxy, steel tubing, padded leather seat,
mahogany
Epoxy, tube d'acier, siège en cuir rem-
bourré, acajou
80 × 47,5 × 55 cm
Driade, 1984 ff./suiv.

38 Ara, 1985
Hocker / Stool / Tabouret
Kunststoff / Synthetic / Plastique
42 × 30 × 30 cm
V.I.A., 1986 ff./suiv.
Die auf dem Hocker befindlichen Einprä-
gungen entstanden nach Kinderzeich-
nungen von Ara Starck, der Tochter
Philippe Starcks.
The embossings on the stool were made
in reference to drawings made by Ara
Starck, the daughter of Philippe Starck.
Les estampages sur le tabouret ont été
effectués d'après les dessins d'enfant de
Ara Starck, la fille de Philippe Starck.

39 Romantica, 1987
Stapelstuhl
Stacking chair
Chaise empilable
Aluminium
85,4 × 42,7 × 62,5 cm
Driade, 1987 ff./suiv.

40, J. (Serie Lang), 1984
41 Lehnstuhl / Easy chair / Bergère
Stahlrohr, Aluminium, Leder, Polsterung
Steel tubing, aluminium, leather, padding
Tube d'acier, aluminium, cuir, rembour-
rage
86 × 60 × 66 cm
Driade, 1987 ff./suiv.

42 Colucci, 1986
Hocker-Behälter
Stool-cum-container
Tabouret-récipient
Aluminium

Höhe / Height / Hauteur: 45 cm, Ø 38 cm
Driade, 1987 ff./suiv.

43 Ed Archer, 1987
Stuhl / Chair / Chaise
Stahlrohr, Aluminium, Leder
Steel tubing, aluminium, leather
Tube d'acier, aluminium, cuir
98 × 47 × 55 cm
Driade, 1987 ff./suiv.

44, Lola Mundo, 1986
45 Tisch-Stuhl
Table-cum-chair
Table-chaise
Holz, Aluminium, Gumminoppen
Wood, aluminium, pimpled rubber
Bois, aluminium, nopes en caoutchouc
48,5 (84,5) × 33,5 × 53 cm
Driade, 1987 ff./suiv.

46 Placide of Wood, 1989
Stuhl / Chair / Chaise
Kirschbaumholz, Birnbaumholz
Cherrywood, pearwood
Bois de cerisier, bois de poirier
91,5 × 44 × 56,5 cm
Driade, 1989 ff./suiv.

46 Dick Deck, 1987
Stuhl / Chair / Chaise
Buchenholz / Beechwood / Bois de hêtre
91 × 35,5 × 62 cm
Driade 1989 ff./suiv.

46 Jane Paille, 1987
Stuhl / Chair / Chaise
Buchenholz, Flechtwerk
Beechwood, wicker
Bois de hêtre, ouvrage canné
89,5 × 66 × 63 cm
Driade, 1989 ff./suiv.

47 Bob Dubois, 1987
Stuhl / Chair / Chaise
Kirschbaumholz, Birnbaumholz, Flecht-
werk
Cherrywood, pearwood, wicker
Bois de cerisier, bois de poirier, ouvrage
canné
91,5 × 39 × 54 cm
Driade, 1989 ff./suiv.

47 Tessa Nature, 1988
Stuhl / Chair / Chaise
Buchenholz, Birnbaumholz, Flechtwerk
Beechwood, pearwood, wicker
Bois de hêtre, bois de poirier, ouvrage
canné
74 × 48 × 52,5 cm
Driade, 1989 ff./suiv.

47 Anna Rustica, 1986
Stuhl / Chair / Chaise
Buchenholz, Flechtwerk
Beechwood, wicker
Bois de hêtre, ouvrage canné

91 × 47,5 × 56 cm
Driade, 1989 ff./suiv.

48, Dr. Glob, 1988
49, Stapelstuhl
50, Stacking chair
51 Chaise empilable
Stahlrohr, Kunststoff
Steel tubing, synthetic
Tube d'acier, plastique
73 × 48 × 48 cm
Kartell, 1988 ff./suiv.

48, Miss Balù, 1988
49 Tisch / Table
Kunststoff / Synthetic / Plastique
Höhe / Height / Hauteur: 72,5 cm,
Ø 64 cm
Kartell, 1988 ff./suiv.

52 oben links / above left / en haut à gauche:
Drehbarer Friseurstuhl für L'Oréal, 1989
Hairdresser's swivel chair for L'Oréal
Chaise de coiffeur tournante pour
L'Oréal
Kunststoff, Aluminium
Synthetic, aluminium
Plastique, aluminium
95 × 53 × 105 cm
Presence, 1989 ff./suiv.

52 unten links / below left / en bas à gauche:
Friseurstuhl für L'Oréal, 1989
Hairdresser's chair for L'Oréal
Chaise de coiffeur pour L'Oréal
Kunststoff, Glas
Synthetic, glass
Plastique, verre
95 × 53 × 105 cm
Presence, 1989 ff./suiv.

52 oben rechts / above right / en haut à
droite:
Höhenverstellbarer Friseurhocker für
L'Oréal, 1989
Height-adjustable hairdresser's stool for
L'Oréal
Tabouret réglable de coiffeur pour
L'Oréal
Kunststoff / Synthetic / Plastique
Höhe / Height / Hauteur: 40 cm, Ø 40 cm
Presence, 1989 ff./suiv.

52 unten rechts / below right / en bas à
droite:
Friseurstuhl für L'Oréal, 1989
Hairdresser's chair for L'Oréal
Chaise de coiffeur pour L'Oréal
Metall, Kunststoff, Gußaluminium
Metal, synthetic, cast aluminium
Métal, plastique, aluminium coulé
80 × 50 × 50 cm
Presence, 1989 ff./suiv.

53 Superglob, 1991
Stapelbarer Lehnstuhl
Stacking easy chair

Chaise empilable
Stahl, Kunststoff
Steel, synthetic
Acier, plastique
80 × 53,5 × 54 cm
Kartell, 1991 ff./suiv.

54 Lilla Hunter, 1988
Stapelstuhl
Stacking chair
Chaise empilable
Metall, Holz, Leder
Metal, wood, leather
Métal, bois, cuir
75 × 51 × 56 cm
X.O., 1988

55 Royalton Bar stool, 1988
Barhocker / Bar stool / Tabouret de bar
Gußaluminium, Samt, Polsterung
Cast aluminium, velvet, padding
Aluminium coulé, velours, rembourrage
Höhe / Height / Hauteur: 77 cm, Ø 37 cm
X.O., 1989 ff./suiv.

57 Hocker (Prototyp), 1990
Stool (prototype)
Tabouret (prototype)
Hartkunststoff / Synthetic / Plastique
107 × 53 × 51 cm
Vitra, 1991 ff./suiv.

58 links / left / à gauche:
Paramount, 1989
Lehnstuhl / Easy chair / Bergère
Rahmen: Kirschbaumholz; Rück- und
Seitenlehne: Kirschbaumholz, Birnbaumholz; Bezug: Leder; Füllung: Schaumstoff
Frame: cherrywood; back and sides:
cherry plywood pearwood finish;
upholstery: leather; padding: polyurethane foam
Cadre: bois de cerisier; dossier et accoudoirs: bois de cerisier, bois de poirier;
revêtement: cuir; rembourrage: mousse
de nylon
95 × 67 × 71,5 cm
Driade, 1991 ff./suiv.

58 rechts / right / à droite:
Royalton, 1990
Sessel / Armchair / Fauteuil
Rahmen: Stahl; Bezug: Baumwollstoff,
Samt; Füllung: Schaumstoff;
Füße: Birnbaumholz, Aluminium
Frame: steel; upholstery: cotton fabric,
velvet; padding: polyurethane foam;
feet: pearwood, aluminium
Cadre: acier; revêtement: tissu en co-
ton, velours; rembourrage: mousse de
nylon; pieds: bois de poirier, aluminium
113 × 98 × 100 cm
Hocker / Stool / Tabouret
Rahmen: Stahl; Bezug: Baumwolle; Fül-
lung: Schaumstoff; Füße: Aluminium
Frame: steel; upholstery: cotton fabric;

padding: polyurethane foam; feet:
aluminium
Cadre: acier; revêtement: tissu en co-
ton; rembourrage: mousse de nylon;
pieds: aluminium
45 × 60 × 60 cm
Driade, 1991 ff./suiv.

59 links / left / à gauche:
Royalton, 1990
Sofa mit einer Armlehne
Sofa with one armrest
Sofa avec un accoudoir
Rahmen: Stahl; Bezug: Baumwollstoff,
Samt; Füllung: Schaumstoff; Füße: Alu-
minium, Birnbaumholz
Frame: steel; upholstery: cotton fabric,
velvet; padding: polyurethane foam;
feet: aluminium, pearwood
Cadre: acier; revêtement: tissu en co-
ton, velours, rembourrage: mousse de
nylon; pieds: aluminium, bois de poirier
113 × 207 × 100 cm
Driade, 1991 ff./suiv.

59 rechts / right / à droite
Royalton, 1990
Sofa mit zwei Armlehnen
Sofa with two armrests
Sofa avec deux accoudoirs
Rahmen: Stahl; Bezug: Baumwollstoff,
Samt; Füllung: Schaumstoff; Füße: Alu-
minium, Birnbaumholz
Frame: steel; upholstery: cotton fabric,
velvet; padding: polyurethane foam;
feet: aluminium, pearwood
Cadre: acier; revêtement: tissu en co-
ton, velours; rembourrage: mousse de
nylon; pieds: aluminium, bois de poirier
113 × 207 × 100 cm
Driade, 1991 ff./suiv.

60 Asahi, 1989
Lehnstuhl / Easy chair / Bergère
Rahmen: Kirschbaumholz; Sitz: Kirschbaumholz, Birnbaumholz; Bezug: Leder;
Füllung: Schaumstoff
Frame: cherrywood; seat: cherry plywood pearwood finish; upholstery: leather; padding: polyurethane foam
Cadre: bois de cerisier; siège: bois de
cerisier, bois de poirier; revêtement: cuir; rembourrage: mousse de nylon
91,5 × 45 × 55,5 cm
Driade, 1991 ff./suiv.

61 Royalton, 1989
Stuhl und Bank
Chair and bench
Chaise et banc
Rahmen: Kirschbaumholz; Sitz: Kirsch-
baumholz, Birnbaumholz; Lehne: Alumi-
nium
Frame: cherrywood; seat: cherry ply-
wood pearwood finish; back: aluminium
Cadre: bois de cerisier; siège: bois de
cerisier, poirier; dossier: aluminium

Stuhl / Chair / Chaise: 69 × 46 × 42 cm
Bank / Bench / Banc: 69 × 138 × 42 cm
Driade, 1991 ff./suiv.

62, Président M., 1981
63 Tisch (zerlegbar)
Table (capable of disassembly)
Table (démontable)
Stahlrohr, Gußaluminium, Glas
Steel tubing, cast aluminium, glass
Tube d'acier, aluminium coulé, verre
73 × 170 × 120 cm
Baleri, 1984 ff./suiv.

64, Dole Melipone, 1981
65 Klapptisch / Folding table / Table pliante
Epoxy, Stahlrohr, Glas
Epoxy, steel tubing, glass
Epoxy, tube d'acier, verre
Höhe / Height / Hauteur: 73 cm,
Ø 120 cm
X.O., 1985 ff./suiv.

64, Titos Apostos, 1985
65 Klapptisch / Folding table / Table pliante
Epoxy, Stahlrohr, Stahlblech
Epoxy, steel tubing, sheet steel
Epoxy, tube d'acier, tôle d'acier
Höhe / Height / Hauteur: 71 cm, Ø 85 cm
Driade, 1985 ff./suiv.

64, Tippy Jackson, 1982
65 Klapptisch / Folding table / Table pliante
Epoxy, Stahlrohr, Stahlblech
Epoxy, steel tubing, sheet steel
Epoxy, tube d'acier, tôle d'acier
Höhe / Height / Hauteur: 71 cm,
Ø 120 cm
Driade, 1985 ff./suiv.

66 M. (Serie Lang), 1987
Tisch (Runde Ausführung)
Table (Circular version)
Table (Version ronde)
Gußaluminium, Glas
Cast aluminium, glass
Aluminium coulé, verre
Höhe / Height / Hauteur: 72,5 cm,
Ø 130 cm
Driade, 1987 ff./suiv.

67 M. (Serie Lang), 1987
Tisch (Quadratische Ausführung)
Table (Square version)
Table (Version carrée)
Gußaluminium, Mahagoni
Cast aluminium, mahogany
Aluminium coulé, acajou
72,5 × 135 × 135 cm
Driade, 1987 ff./suiv.

68, M. (Serie Lang), 1987
69 Tisch (Rechteckige Ausführung)
Table (Rectangular version)
Table (Version rectangulaire)
Gußaluminium, Glas
Cast aluminium, glass

Aluminium coulé, verre
72,5 × 210 × 90 cm
Driade, 1987 ff./suiv.

70 Nina Freed, 1985
Klapptisch / Folding table / Table pliante
Epoxy, Stahl / Epoxy, steel / Epoxy, acier
Höhe / Height / Hauteur: 72 cm,
Ø 130 cm
Disform, 1985 ff./suiv.

70 Arnie Kott, 1987
Klapptisch / Folding table / Table pliante
Stahl, Glas / Steel, glass / Acier, verre
Höhe / Height / Hauteur: 72 cm, Ø 90 cm
Idée, 1987 ff./suiv.

70 June Henessy, 1987
Tisch / Table
Stahl, Glas, Aluminium
Steel, glass, aluminium
Acier, verre, aluminium
72 × 52 × 52 cm
Idée, 1987 ff./suiv.

71 links / left / à gauche:
Clown, 1987
Tisch / Table
Vollgußeisen, Aluminium
Cast iron, aluminium
Fonte, aluminium
Höhe / Height / Hauteur: 72 cm, Ø 60 cm
Driade, 1987 ff./suiv.
rechts / right / à droite:
Psiche, 1987
Tisch-Spiegel
Table-cum-mirror
Table-miroir
Vollgußeisen, Aluminium, Spiegel
Cast iron, aluminium, mirror
Fonte, aluminium, miroir
73,5 (145) × 132 × 67 cm
Driade, 1987 ff./suiv.

72 John Ild, 1977
Regal / Shelf / Etagère
Epoxy, Metall
Epoxy, metal
Epoxy, métal
210 × 100 × 60 cm
Disform, 1982 ff./suiv.

73 Mac Gee, 1977
Regal / Shelf / Etagère
Epoxy, Stahlblech
Epoxy, sheet steel
Epoxy, tôle d'acier
236 × 99 × 50 cm
Baleri, 1984 ff./suiv.

74 Howard, 1986
Regal / Shelf / Etagère
Stahl, Aluminium
Steel, aluminium
Acier, aluminium
205 × 175 × 35 cm
Driade, 1987 ff./suiv.

75 Herbert Schoenheit, 1986
Regal / Shelf / Etagère
Epoxy, Aluminium
200 × 175 × 35 cm
Disform

77 Miss Yee, 1987
Regal / Shelf / Etagère
Stahlblech (verchromt), Seidenkordel
Sheet steel (chrome plated), silk cording
Tôle d'acier (chromée), cordons en soie
4,3 × 90 × 30 cm
Idée, 1987 ff./suiv.

78 Easylight, 1979
Leuchtstab
Lighting strip
Tube lumineux
Leuchtstoffröhre, PVC
Fluorescent tube, PVC
Tubes fluorescents, CPV
Länge / Length / Longueur: 160 cm
Electrorama

79 Tamish, 1984
Leuchte-Tisch
Lamp-cum-table
Lampe-table
Stahl, Kunststoff
Steel, synthetic
Acier, plastique
Höhe / Height / Hauteur: 33 cm, Ø 36 cm
Trois Suisses, 1984 ff./suiv.

79 La lune sans le chapeau, 1986
Tischlampe / Table lamp / Lampe de table
Metallgestell, Papierschirm
Metal frame, paper shade
Pied en métal, abat-jour en papier
Höhe / Height / Hauteur: 75 cm, Ø 30 cm
Trois Suisses, 1986-89

79 Stanton Mick, 1979
Leuchtwand
Illuminated wall
Mur lumineux
Glasplatte, Rollen
Glass panel, castors
Plaque de verre, roulettes
Electrorama

79 Soudain le sol trembla, 1981
Standleuchte
Standard lamp
Lampadaire
Holzstab, Gummi
Wood, rubber
Pied en bois, caoutchouc
Höhe / Height / Hauteur: 200 cm,
Ø 30 cm
Drimmer

80 Luci Fair, 1989
Wandleuchte / Wall light / Applique
Opalglas / Opalescent glass / Verre opalin
30 × 14 × 24 cm
Flos, 1989 ff./suiv.

81 Ara, 1988
Tischlampe / Table lamp / Lampe de table
Verchromtes Metall, Halogen
Chrome-plated metal, halogen
Métal chromé, halogène
Höhe / Height / Hauteur: 56,5 cm
Flos, 1988 ff./suiv.
Das An- und Ausschalten der Lampe er-
folgt durch das Hoch- bzw. Herunterstel-
len des hornförmigen Lampenteils.
The lamp is switched on and off by rais-
ing or lowering the horn-shaped part.
La lampe s'allume ou s'éteint lorsque
l'on relève ou abaisse la partie en forme
de corne.

84 Café Costes, Paris
1984
Planung der Inneneinrichtung: 1983
Planning of the interior
Planification de l'aménagement intérieur
Fertigstellung: 1984
Completion
Achèvement
Auftraggeber / Client / Commettant:
Jean-Louis Costes
Grundfläche / Area / Surface de base:
600 m^2
Aufbau: 2 Stockwerke mit zentraler Trep-
pe zwischen zwei massiven Säulen
Structure: 2 storeys with central stairs
between two solid pillars
Construction: 2 étages avec escalier cen-
tral entre deux piliers massifs

88 Restaurant Manin, Tokyo
1987
Planung der Inneneinrichtung: 1985
Planning of the interior
Planification de l'aménagement intérieur
Fertigstellung: 1987
Completion
Achèvement
Auftraggeber / Client / Commettant:
Person's
Grundfläche / Area / Surface de base:
312 m^2
Aufbau: Unterirdisches Restaurant
Structure: Underground restaurant
Construction: Restaurant souterrain

96 Maison Lemoult, Paris
Private Home, 1987
Planungsbeginn: 1985
Planning
Commencement des plans
Fertigstellung: 1987
Completion
Achèvement
Bauherr / Client / Maître d'ouvrage:
Bruno Lemoult
Grundstück (Breite × Länge): 5 × 70 m
Plot (breadth × length)
Terrain (largeur × longueur)
Aufbau: Einraumanlage
Structure: One-room accommodation
Construction: Maison à une pièce

100 Hotel Royalton, New York
1988
Planung der Inneneinrichtung: 1986/87
Planning of the interior
Planification de l'aménagement intérieur
Fertigstellung: 1988
Completion
Achèvement
Auftraggeber / Client / Commettants: Ian
Schrager, Philip Pilevsky, Arthur Cohen
Erbauungsjahr des Originalgebäudes:
1898
Date of original building
Date de construction du bâtiment original
Kapazität / Accommodation / Capacité:
205 Zimmer / rooms / chambres

106 Nani Nani, Tokyo
Café
Restaurant
Offices
Showrooms
1989
Planungsbeginn: 1987
Planning
Commencement des plans
Fertigstellung: 1989
Completion
Achèvement
Bauherr / Client / Maître d'ouvrage:
Rikugo Construction Co., Ltd.
Grundfläche / Area / Surface de base:
960 m^2
Aufbau:
Untergeschoß: Café
Erdgeschoß: Restaurant
Vier Stockwerke: Büros und Showrooms
Structure:
Basement: Café
Ground floor: Restaurant
Four Floors of offices and showrooms
Construction:
Sous-sol: Café
Rez-de-chaussée: Restaurant
Quatre étages avec bureaux et show-
rooms

110 Asahi, Tokyo
Brasserie
Restaurant
Bar
Multi-purpose hall
1990
Planungsbeginn: 1989
Planning
Commencement des plans
Fertigstellung: 1990
Completion
Achèvement
Bauherr / Client / Maître d'ouvrage:
Asahi Breweries, Ltd.
Grundfläche / Area / Surface de base:
2705 m^2
Aufbau: Erdgeschoß und 4 Stockwerke
(Brasserie, Restaurant, Bar, Mehrzweck-
halle)

Structure: Ground floor and 4 storeys
(brasserie, restaurant, bar, multi-purpose
hall)
Construction: Rez-de-chaussée et quatre
étages (brasserie, restaurant, bar, salle
polyvalente)

118 Restaurant Teatriz, Madrid
1990
Planung der Inneneinrichtung: 1989
Planning of the interior
Planification de l'aménagement intérieur
Fertigstellung: 1990
Completion
Achèvement
Auftraggeber / Client / Commettant:
Sigla S.A.
Grundfläche / Area / Surface de base:
1013 m^2
Aufbau:
Untergeschoß: Salon
Erdgeschoß: Restaurant
Erste Etage: Bar
Structure:
Basement: Saloon
Ground floor: Restaurant
First floor: Bar
Construction:
Sous-sol: Salon
Rez-de-chaussée: Restaurant
Premier Étage: Bar

128 Hotel Paramount, New York
1990
Planung der Inneneinrichtung: 1989
Planning of the interior
Planification de l'aménagement intérieur
Fertigstellung: 1990
Completion
Achèvement
Auftraggeber / Client / Commettants:
Ian Schrager, Philip Pilevsky, Arthur
Cohen
Erbauungsjahr des Originalgebäudes:
1927
Date of original building
Date de construction du bâtiment original
Kapazität / Accommodation / Capacité:
610 Zimmer / rooms / chambres

136 Miss Zenzen, 1986
Architekturmodell (numeriert)
Scale model (numbered)
Maquette d'architecture numérotée
Aluminium (poliert / polished / poli)
Höhe / Height / Hauteur: 26 cm
O.W.O.

137, Juicy Salif, 1988
138, Zitronenpresse
139 Lemon squeezer
Presse-citron
Gußaluminium
Cast aluminium
Aluminium coulé
Höhe / Height / Hauteur: 29 cm, Ø 14 cm
Alessi, 1990 ff./suiv.

137 Hot Bertaa, 1987
     Kessel / Kettle / Bouilloire
     Aluminium, Kunststoff
     Aluminium, synthetic
     Aluminium, plastique
     Höhe / Height / Hauteur: 25 cm
     Alessi, 1990 ff./suiv.

137 Max Le Chinois, 1987
     Sieb / Colander / Passoire
     Rostfreier Stahl, Messing
     Stainless steel, brass
     Acier inoxydable, laiton
     Höhe / Height / Hauteur: 29 cm, Ø 30 cm
     Alessi, 1990 ff./suiv.

140 oben links / above left / en haut à gauche:
     Picfeu, 1986
     Schürhaken / Poker / Tisonnier
     Chromstahl
     Chrome steel
     Métal chromé
     Höhe / Height / Hauteur: 59 cm
     O.W.O.

140 unten links / below left / en bas à gauche:
     Laguiole, 1986
     Messer / Knife / Couteau
     Griff / Handle / Manche:
     Aluminium (poliert / polished / poli):
     9,5 cm;
     Klinge / Blade / Lame: Rostfreier Stahl/
     Stainless steel / Acier inoxydable: 7,5 cm
     O.W.O.

140 oben rechts / above right / en haut à
     droite:
     Tito Lucifer, 1986
     Kaminböcke / Andirons / Chenets
     Gußeisen / Cast iron / Fonte brute
     28,5 × 38,5 × 8 cm
     O.W.O.

140 unten rechts / below right / en bas à
     droite:
     Objets Pointus, 1986
     Besteck / Tableware / Couverts
     Rostfreier Stahl
     Stainless steel
     Acier inoxydable
     Messer / Knife / Couteau: 25 cm
     Gabel / Fork / Fourchette: 22,5 cm
     Löffel / Spoon / Cuiller: 22 cm
     Teelöffel / Teaspoon / Petite cuiller:
     15,5 cm
     Stäbchen / Chopsticks / Baguettes:
     24,5 cm
     O.W.O.

141 oben links / above left / en haut à gauche:
     Lemoult, 1986
     Architekturmodell (numeriert)
     Scale model (numbered)
     Maquette d'architecture (numérotée)
     Aluminium (poliert / polished / poli)
     7,5 × 4,5 × 23,5 cm
     O.W.O.

141 unten links / below left / en bas à
     gauche:
     Asahi, 1986
     Architekturmodell (numeriert)
     Scale model (numbered)
     Maquette d'architecture (numérotée)
     Aluminium (poliert / polished / poli)
     14 × 19 × 18 cm
     O.W.O.

141 oben rechts / above right / en haut à
     droite:
     Laguiole, 1987
     Architekturmodell (numeriert)
     Scale model (numbered)
     Maquette d'architecture (numérotée)
     Aluminium (poliert / polished / poli)
     11,5 × 7,5 × 20,5 cm
     O.W.O.

141 unten rechts / below right / en bas à
     droite:
     Moondog, 1987
     Architekturmodell (numeriert)
     Scale model (numbered)
     Maquette d'architecture (numérotée)
     Aluminium (poliert / polished / poli)
     12 × 5,5 × 19 cm
     O.W.O.

142 oben links / above left / en haut à gauche:
     Nani Nani, 1986
     Architekturmodell (numeriert)
     Scale model (numbered)
     Maquette d'architecture (numérotée)
     Aluminium (poliert / polished / poli)
     15 × 6,5 × 10,5 cm
     O.W.O.

142 unten links / below left / en bas à gauche:
     Luciana Fortyfour, 1988
     Windlicht
     Table candlestick
     Photophore
     Poliertes Aluminium, Mattglas
     Polished aluminium, frosted pyrex glass
     Aluminium poli, Pyrex dépoli
     Höhe / Height / Hauteur: 25 cm
     O.W.O.

142 oben rechts / above right / en haut à
     droite:
     Berta Youssouf, 1987
     Kartenhalter
     Tablecard holder
     Porte-carte
     Aluminium (poliert / polished / poli)
     Höhe / Height / Hauteur: 5,5 cm
     O.W.O.

142 unten rechts / below right / en bas à
     droite:
     Mimi Bayou, 1987
     Griff / Handle / Poignée placard
     Aluminium (poliert / polished / poli)
     Tiefe / Depth / Profondeur: 5 cm
     O.W.O.

143 oben links / above left / en haut à gauche:
     Chab Wellington, 1987
     Kleiderhaken / Coat hook / Patères
     Aluminium (poliert / polished / poli)
     Breite / Breadth / Largeur: 5,3 cm
     Tiefe / Depth / Profondeur: 12 cm
     O.W.O.

143 unten links / below left / en bas à gauche:
     Smoky Christiani, 1986
     Korkenzieher / Corkscrew / Tire-bouchon
     Poliertes Aluminium, Teflon
     Polished aluminium, teflon screw
     Aluminium poli, vis teflonnée
     Höhe / Height / Hauteur: 27 cm
     O.W.O.

143 oben rechts / above right / en haut à
     droite:
     Joe Raspoutine, 1987
     Wandkerzenhalter
     Wall candlestick
     Bougeoir mural
     Aluminium (poliert / polished / poli)
     Breite / Breadth / Largeur: 11 cm
     Tiefe / Depth / Profondeur: 20 cm
     O.W.O.

143 unten rechts / below right / en bas à
     droite:
     Miss Donna, 1987
     Spiegel / Mirror / Miroir
     Aluminium (poliert / polished / poli)
     41 × 24 × 1,9 cm;
     Ständer / Stand / Pied: 39 cm
     O.W.O.

144 links / left / à gauche:
     Vier Seltsamkeiten gegen eine Wand,
     1988
     Four curiosities against a wall
     Quatre Étrangetés contre un mur
     Vase
     Kristallglas, Glas
     Crystal, glass
     Cristal, verre
     Höhe / Height / Hauteur: 60
     Daum, 1988 ff./suiv.

144 rechts / right / à droite:
     Eine Seltsamkeit gegen eine Wand, 1988
     One curiosity against a wall
     Une Étrangeté contre un mur
     Vase
     Kristallglas, Glas
     Crystal, glass
     Cristal, verre
     Höhe / Height / Hauteur: 70 cm
     Daum, 1988 ff./suiv.

145 links / left / à gauche:
     Eine Seltsamkeit unter einer Wand, 1988
     One curiosity underneath a wall
     Une Étrangeté sous un mur
     Vase
     Kristallglas, Glas
     Crystal, glass

Cristal, verre
Höhe / Height / Hauteur: 55 cm
Daum, 1988 ff./suiv.

145 rechts / right / à droite:
Die Seltsamkeit, 1988
The curiosity
L'Étrangeté
Vase
Kristallglas / Crystal / Cristal
Länge / Length / Longueur: 55 cm
Daum 1988 ff./suiv.

146 Walter Wayle II, 1989
Wanduhr / Wall clock / Horloge murale
Thermoplastisches Harz, lackiert
Varnished thermoplastic resin
Résine thermoplastique, vernie
Tiefe / Depth / Profondeur: 5 cm,
Ø 28 cm
Alessi, 1989 ff./suiv.

147 oben links / above left / en haut à gauche:
Mandala, 1987
Nudel / Pasta / Pâte
Ø 8 mm
Panzani, 1987 ff./suiv.

147 unten links / below left / en bas à gauche:
Mineralwasserflasche, 1991
Mineral water bottle
Bouteille d'eau minérale
Kunststoff / Synthetic / Plastique
Höhe / Height / Hauteur: 19 cm, Ø 7 cm
Glacier, 1991 ff./suiv.

147 oben rechts / above right / en haut à droite:
Diskettenlaufwerk, 1991
Computer disk drive
Lecteur de disquette
Kunststoff / Synthetic / Plastique
4,4 × 14,5 × 25,4 cm
D2, 1991 ff./suiv.

147 unten rechts / below right / en bas à droite:
Aktenkoffer, 1990
Attaché case
Attaché-case
Kohlenstoff-Fasern / Carbon fibre / Fibres de carbone
34 × 47 × 14 cm
Vuitton, 1991 ff./suiv.

148, Zahnbürste, 1989
149 Toothbrush
Brosse à dents
Kunststoff / Synthetic / Plastique
Höhe / Height / Hauteur: 19,5 cm;
Behälter / Container / Récipient: 5,5 cm
Fluocaril, 1989 ff./suiv.

150 Olympisches Feuer, 1991
Olympic Flame
Flambeau Olympique
Nirostablech

Nirosta stainless steel
Tôle d'inox
Höhe / Height / Hauteur: 41,4 cm;
Ø 8 cm
Uginox für das Organisationskomitee der Olympischen Winterspiele
Uginox, for the Winter Olympics Organization Committee
Uginox pour le comité d'organisation des Jeux Olympiques

151 Türgriff (Prototyp), 1991
Door handle (prototype)
Poignée de porte (prototype)
Chromstahl
Chrome-plated steel
Acier chromé
14 × 14 × 5,5 cm
F.S.B., 1991 ff./suiv.

156, Stadtmöbel, 1990/91
157 Urban fittings
Mobilier urbain
Verkehrsampel
Traffic light
Feux de signalisation
Gußeisen / Cast iron / Fonte
Höhe / Height / Hauteur: 330 cm;
Ø 14 cm
Abfallbehälter
Garbage container
Poubelle
Gußeisen / Cast iron / Fonte brute
Höhe / Height / Hauteur: 90 cm; Ø 67 cm
Straßenlaterne mit zwei beweglichen Leuchtarmen
Street lamp with two adjustable brackets
Réverbère avec deux dispositifs d'éclairage mobiles
Gußeisen, Glas
Cast iron, glass
Fonte brute, verre
12 × 9 × 6 m
Decaux, 1991 ff./suiv.

158, Der grüne Baron, 1991
159 The green baron
Le baron vert
Bürogebäude in Osaka
Office block in Osaka
Immeuble de bureaux à Osaka
Aufbau: Ein Restaurant im Erdgeschoß und sieben Stockwerke
Structure: A ground floor restaurant and seven storeys
Construction: Un restaurant au rez-de-chaussée et sept étages
Höhe / Height / Hauteur: 40 m
Breite / Breadth / Largeur: 34 m
Tiefe / Depth / Profondeur: 6 m
Meisei, 1991 ff./suiv.

Bibliographie
Bibliography
Bibliographie

1982

Starck, Gille Debure / Odile Fillion, *Architecture Intérieure Créé* (France), Feb.–März/Feb.–March/Fév.–Mars

1983

Stevie Nicks to be Starck Club Partner, Nancy Smith, *Dallas Times Herald,* 18. Juni/June/Juin

Designers du président, *La Maison de Marie-Claire* (France), vol. 205

François Mitterrand renonce à la salle de bains de l'an 2000, *France-soir,* 5. Okt./Oct.

Les Habits neufs de L'Elysée, Michèle Champenois, *Le Monde,* 10. Nov.

L'Elysée sauve les meubles, Pascaline Cuvelier, *Libération,* 29. Nov.

1984

The Starck Club spectacle, Russell Smith, *The Dallas Morning News,* 14. Mai/May/Mai

Starck Club, A. J. Love, *Dallas Times Herald,* 14. Mai/May/Mai

Philippe Starck, l'homme qui re-look tout, Anette Levy-Willard, *Libération,* 26. Sept.

Starck et les Trois Suisses, Odile Fillion, *Architecture Intérieure Créé,* (France), Sept.

Temps, les sharks des Starck, Christine Colin, *L'Evénement du Jeudi,* 8. Nov.

1985

Starck Système, Jean-Marie Baron, *Décoration Internationale* (France), Feb./Fév.

Designer da esportare, Cristina Morozzi, *Modo* (Italia), März/March/Mars

Philippe Starck, Designer-architecte, Marc Breltman, *A. M. C.,* März/March/Mars

Style Starck, Benoît Delépine, *Création magazine* (France), April/Avril

Café Costes, la mode s'y retrouve, Frédérique Edelmann, *Le Monde,* 4. April/Avril

Le triomphe du Café Costes, Laurent Dispot, *Pariscope,* 30. April/Avril

Le Style Starck, Christine Colin, *Jardin des Modes* (France), Mai/May/Mai

Philippe Starck, Philippe Bonnet, *V. S. D.,* 22. Mai/May/Mai

Café Costes, Charles Clifford, *The World of Interiors,* Juni/June/Juin

De Ijzerstarke ontwerpen van Philippe Starck, *Avenue* (Nederland), Juni/June/Juin

The Best of Every Thing, *Edge* (Japan), vol. 7

The French Roots, *Metropolitan Home* (USA), Okt./Oct.

A French Superstar's Minimalist Furniture, Suzanne Slesin, *The New York Times,* 12. Dez./Dec./Déc.

Designing furniture in the fast lane, Christopher Smart, *The Christian Science Monitor,* 24. Dez./Dec./Déc.

Design/Designo, Christine Colin, *Intramuros* (France), Dez./Dec./Déc.

Philippe Starck, Brigitte Fitoussi, *L'Architecture d'Aujourd'hui* (France), Dez./Dec./Déc.

1986

A genoux, voici la modernité, Mariella Righini, *Le Nouvel Observateur,* 3. Jan.

Starck présente Castiglioni, Christine Colin, *L'Evénement du Jeudi,* 9. Jan.

Starck designs: simple and practical, Christopher Smart, *The Christian Science Monitor,* 9. Jan.

Parisian café celebrates the melancholy, Suzanne Slesin, *The New York Times,* 26. Jan.

Mobilier urbain, *Architecture Intérieure Créé* (France), Jan.

France's bad boy is doing good business, Patricia Leigh Brown, *The Philadelphia Inquirer,* 11. Feb./Fév.

Concours International pour le mobilier urbain du parc de la Villette, *L'Architecture d'Aujourd'hui* (France), Feb./Fév.

Ijzerstarcke Philippe, Moniek Bucquoye, *Knack Week-End,* 12. März/March/Mars

From French designer Philippe Starck a sense of fun unfolds, Ron Ruggless, *Dallas Times Herald,* 23. März/March/Mars

Philippe Starck, El hombre-orquesta, Lilana Albertazzi, *Papiz* (Espagña), März/March/Mars

Pilgrim's progress, *Architectural Record,* März/March/Mars

Le tout La Villette, Christine Colin, *Intramuros* (France), März/March/Mars

Funktionalist mit Esprit und Eleganz, Anja Lösel, *Art 2000* (Deutschland), April/avril

Starck Treatment, *Home and Garden* (USA), April/Avril

Programs to help fill gaps for teens who are troubled, Leslie Sowers, *Houston Chronicle,* 29. Mai/May/Mai

Remember this name: Philippe Starck, McDermott Hamm, *Houston Chronicle,* 29. Mai/May/Mai

El Francés más modern, Roger Salas, *El País,* 6. Juni/June/Juin

Philippe Starck at ICF, *Interior Design* (USA), Juni/June/Juin

Furniture for the future, Jean Bond Rafferty, *Texas Homes* (USA), Juni/June/Juin

Ein Star unter den Designern, Philippe Superstarck, Maleen Thyriot, *Schöner Wohnen* (Deutschland), Juni/June/Juin

Philippe Starck Geeft Frans Ontwerp Nieuwe impulsen, Jos van Grieken, *Huis & Interior* (Nederland), Juni/June/Juin

Tippy Jackson, *Abitare* (Italia), Sept.

Starck: Snobisme mag meubelen niet duur maken, *De Morgen,* 8. Okt./Oct.

Ich zeichne gern einen Stuhl für Mitterrand, Michael Andritzky, *Basler Magazine,* 11. Okt./Oct.

The fabulous style of the man with no taste, *The Sydney Morning Herald,* Oct.

La proposta vincente di Philippe Starck, *L'Arca* (Italia), Nov.

Emilio Ambasz (Hg./Ed.): *The International Design Yearbook 1986/87,* London 1987

1987

The hot seats in France belong to brash designer Philippe Starck, Cathy Nolan / Ned Geeslin, *People* (U. K.), 26. Jan.
Architecture Wonderland, Philippe Starck, *Styling* (Japan), Feb./Fév.
Le post Art Déco entre dans le Starck système, Claudine Durand, *Expression* (France), Feb.–März/Feb.–March/Fév.–Mars
Ich will die Intelligenz beliefern, *Der Spiegel* (Deutschland), 13. April/Avril
The Met Grill, Bart Everly, *Metropolitan Home* (USA), April/Avril
Design: Wat ik maak is vergelijkbaar met de sfeer van een praagse stationsrestauratie, triest en mooi, Corine Koole, *Vrij Nederland,* 30. Mai/May/Mai
Starck and Stardom, H. Aldersay-Williams, *ID* (USA), Mai-Juni/May-June/Mai-Juin
Philippe Starck: Exercices de style, Marie-François Leclere, *Le Point,* 31. Aug./Août
The designer as superstar, Maurice Cooper, *Blueprint* (U. K.), Aug./Août
Crown prince: Philippe Starck, *The New York Times,* 24. Sept.
Starck à Tokyo, François Baudot, *Décoration Internationale* (France), Sept.
Quando creare è »rendere servizio« al prossimo, Giovanni Ferreti, *Ambientare* (Italia), Okt./Oct.
Out tonight – Manin Tokyo, *Architecture Intérieure Créé* (France), Okt.–Nov./Oct.-Nov.
The Genesis of a Chair, Pamela Fernuik, *The Magazine* (Japan), Nov.
Mon café avec Philippe Starck, Michel Delmar, *Jardin des Modes* (France), Nov.
Le design spectacle, Olivia Phelip, *Femme* (France), Dez./Dec./déc.
Michel Aveline Editeur: *Starck Mobilier,* Marseille 1987

1988

Mémoires courtes, Youssef el Ftouh, *L'Etudiant* (France), Jan.
Carte blanche à Starck, Françoise de L'Homme, *20 Ans* (France), Feb./Fév.
Designer Starck into »mystique«, Yuri Kageyama, *The Japan Times Weekly,* 14. Mai/May/Mai
Philippe Starck, J. P., *City* (France), Mai/May/Mai
Stars an der Spitze – Philippe Starck, *Vogue* (Deutschland), Juni/June/juin
Philippe Starck: «Je suis un rêveur raisonné», Françoise Delbecq, *Elle Décoration* (France), Sept.
Soutari – Philippe Starck, *Interni* (Italia), Sept.
Comment réussir au Japon, Anne Braillard, *Paris Match* (France), Sept.
Une fable pour Starck, Martine Dassault, *Décoration Internationale* (France), Sept.
Starck Reality, Phil Patton, *New York,* 31. Okt./Oct.
A Starck View of Design, Sam Seibert / Meggan Dissly, *Newsweek,* 14. Nov.
Philippe Starck: French Accent, Joan Kron, *Avenue* (USA), Nov.
Ein starkes Stück, *Tempo* (Deutschland), Nov.
Furniture on the cat walk – Philippe Starck, *Blueprint* (U. K.), Nov.
Principi del design moderno, *Gap Casa* (Italia), Dez./Dec./Déc.
Les clients de Starck: Mitterrand, le Pape et . . . Dieu, *Le Parisien,* 2. Dez./Dec./Déc.

1989

Starck, un concept, Guy Gilsoul, *L'Express* (Belgique), 27. Jan.
Echt Starck: Das Royalton, *Ambiente* (Deutschland), Jan.–Feb./Jan.–Feb./Jan.–Fév.
La ligne Starck, J. Pierre Gabriel, *L'Express* (Bruxelles), 3. Feb./Fév.
Starck Truths, *Life* (USA), Feb./Fév.

Starck Struck, Andrea Truppin, *Interiors* (USA), Feb./Fév.
Super Starck Hotel, Daniel Gomez-Vallarcel, *Casa Vogue* (España), Feb./Fév.
Maverick à la mode. Philippe Starck, Thomas Connors, *Vis A Vis* (USA), Feb./Fév.
Close-up Philippe Starck, *Nikkei Trendy* (Japan), Feb./Fév.
The Royalton, Christine Colin, *Galeries Magazine* (France), Feb.–März/Feb.–March/Fév.–Mars
Rags to Riches, Karen D. Stein, *Architectural Record* (USA), März/March/Mars
Starck Wars, *City* (France), März/March/Mars
Philippe Starck, Designer, Paris, Desirée Schellerer, *Visa* (Österreich), März/March/Mars
3 Créatures d'aujourd'hui, *Vogue Déco* (France), März–April/March–April/Mars–Avril
Philippe Starck Designer Extraordinaire, *IQ,* März–Mai/March–May/Mars–Mai
The shape of things to come – Philippe Starck, Michelle Vaughen, *New York Times,* 9. April/Avril
Nel segno di Starck, Francesca Premoli, *Casa Vogue* (Italia), April/Avril
The art of Starkness, Nonie Niesewand, *Vogue* (U. K.), April/Avril
Profile: Philippe Starck, *Nikkei Design* (Japan), April/Avril
Starck System, *Vogues Hommes* (France), April–Sept./Avril–Sept.
Philippe Starck: Futur perfect, Brigid Graumann, *Artnews* (USA), Juni/June/Juin
Philippe Starck: Ich arbeite nur mit Frauen und Verrückten, *Schöner Wohnen* (Deutschland), Juni/June/Juin
Starck Reality, Mark Seal, *American Way* (USA), Juni/June/Juin
Philippe Starck designer, *Smart* (USA), Juni/June/Juin
Starck modern, Charles Gandee, *H. G.* (USA), Juli/July/Juillet

Punto de vista: Star Starck, *Casa Vogue* (España), Juli–Aug./July–Aug./Juillet–Août

Artisan with a taste for myth, Alice Rawsthorn, *Financial Times,* 14. Aug./Août

On se téléfaxe et on se voit, *L'Express* (France), 29. Sept.

20 grosses têtes nous parlent des années 90, B. Cornan, *Actuel* (France), Okt./Oct.

Philippe Starck repeint le salon aux couleurs de la modernité et de l'intemporel, Luc le Vaillant, *Libération,* 11. Dez./Dec./Déc.

Philippe Starck: Un homme mis à nu, Anne Chabrol, *Glamour* (France), Dez.–Jan./Dec.–Jan./Déc.–Jan.

The hippest hotel in Manhattan, Jillian Burt, *Blueprint* (U. K.), Dez.–Jan./Dec.–Jan./Déc.–Jan.

Christine Colin: *Starck,* Liège / Tübingen 1989

1990

Signe Starck à Tokyo, Patrick Sabatier, *Libération,* 7. Jan.

Philippe Starck, *Icon Japon* (Japan), Jan.

Teatriz Olé, Christine Colin, *Architecture Intérieure Créé* (France), März/March/Mars

Super-Starck in Tokio, Barbara Friedrich, *Architektur & Wohnen* (Deutschland), vol. 4

The leader of the pack, Arlene Hirst, *Metropolitan Home* (USA), April/Avril

L'Auberge Espagnole, François Baudot, *Elle* (France), Mai/May/Mai

Starck in Tokyo. Paper-weight architecture, Peter Popham, *Blueprint* (U. K.), Juni/June/Juin

Teatriz, *Ambiente* (Deutschland), Aug./Août

»Teatriz« oder die Inszenierung des Gastes, Klaus Stefan Leuschel, *Hochparterre* (Schweiz), Aug./Août

Ian goes solo, William Norwich, *Vanity Fair* (USA), Aug./Août

Biennale de Venise, François Chaslin, *L'Architecture d'Aujourd'hui* (France), Sept.

Le Nani Nani de Starck, Jean Paul Robert, *L'Architecture d'Aujourd'hui* (France), Sept.

Fuego y piedra, Starck en Tokio, *Ardi* (España), Sept.

Peurs, Gilles Bridier, *Libération,* 1. Okt./Oct.

Deux designers et l'Europe, Dominique Wagner, *Les Echos* (France), 10. Okt./Oct.

L'Emprise des Signes: Paramount Hotel, Christine Colin, *Architecture Intérieure Créé* (France), Okt.–Nov./Oct.–Nov.

Mes Gens. Philippe Starck, Ph. Bouvard, *Paris Match,* 8. Nov.

Crazy by Design, Peter Martin, *Sunday Times Magazine,* 11. Nov.

Paramount, Robert Doerk / Brigitte Knauf, *Ambiente* (Deutschland), Nov.

Un Héros Populaire, Philippe Tretiak, *City* (France), Nov.

Philippe Starck architecture a Tokyo tra il 1987 e il 1990, Marco Romanelli, *Domus* (Italia), Nov.

Le Paramount à New York. Starck persiste et signe, François Baudot, *Elle* (France), Nov.–Dez./Nov.–Dec./Nov.–Déc.

Perversión didáctica, Vicente Patón, *Architectura Viva,* Nov.–Dez./Nov.–Dec./Nov.–Déc.

Philippe Starck: Hall of Fame, *Interior Design* (USA), Nov.–Dez./Nov.–Dec./Nov.–Déc.

Wim Wenders Office by Starck, *Ambiente Spezial 90/91* (Deutschland)

1991

El Teatro Teatriz de Philippe Starck, Manuel Serrano Marzo, *On Diseño* (España), vol. 119

A New York, Firmato Philippe Starck, Francesca Premon, *Casa Vogue* (Italia), Jan.

El Hotel Paramount, Pablo Castro, *Diseño Interior* (España), Feb./Fév.

Design macht Starck, Peter Martin, *Zeit-Magazin* (Deutschland), Feb./Fév.

Paramount Hotel, New York, Brigitte Fitoussi, *L'Architecture d'Aujourd'hui* (France), Feb./Fév.

Leurs projets pour les années 90 – Philippe Starck, Catherine Deydier, *Vogue Hommes* (France), Feb./Fév.

Profile: Philippe Starck, Peter Martin, *European Travel & Life* (USA), März/March/Mars

Ein Franzose in New York, *Schöner Wohnen* (Deutschland), März/March/Mars

Starck o design de olho no sucesso, Christiane Fleury, *Elle* (Brasilia), März/March/Mars

Philippe Starck, *Interior Design* (Special Supplement, USA), März/March/Mars

Home away from home, Sylvie Walther-Mathieu, *Atrium* (Deutschland), April–Juni/April–June/Avril–Juin

Ausstellungen
Exhibitions
Expositions

1985
»Nouveaux plaisirs d'architecture«, Centre Georges Pompidou, Paris
»Art et Industrie«, Musée National des Monuments Français, Paris
National Museum of Modern Art, Tokyo

1986
»Intérieur 86«, Biennale, Courtrai
»Créer dans le créé«, Centre Georges Pompidou, Paris
»Möbel von Sinnen – Gefühlscollagen«, Kunstmuseum, Düsseldorf
»Erkundungen«, Design Center, Stuttgart
KaDeWe, Berlin; Leptien 3, Frankfurt
»S.A.D.«, Villa Medici, Roma
»Design 86«, Elac, Lyon
»C'est une Foire«, Neocone 18, Chicago
The National Museum of Modern Art, Kyoto (Einzelausstellung / solo exhibition / exposition individuelle)

1987
The Seibu Museum of Art, Tokyo (Einzelausstellung / solo exhibition / exposition individuelle)
»Starck Mobilier«, Marseille
»Vice Versa«, Descartes-Huis, Amsterdam
»Internationales Glas-Design«, Deutsches Museum, München
»Nouvelles Tendances«, Centre Georges Pompidou, Paris

1989
»Starck«, Palais des Beaux-Arts, Charleroi

1990
Biennale, Venezia

1991
»Starck«, Cape, Bordeaux
»Capitales européennes du nouveau design: Barcelone, Milan, Paris, Düsseldorf«, Centre Georges Pompidou, Paris; Kunstmuseum, Düsseldorf

Auszeichnungen
Awards
Prix décernés

1980
»Oscar du luminaire« für die Leuchte / for the light / pour la lampe *Easylight*, Paris

1985
»Chevalier de l'Ordre des Arts et des Lettres«, Paris; »Créateur de l'Année«, Paris

1986
»Premi Delta de la Plata« für Regal / for shelf / pour étagère *John Ild*, Barcelona
Gewinner bei der Möbelmesse mit dem Stuhl / Winner at the Chair Fair with chair / Premier prix à la foire du meuble avec la chaise *Costes*, New York

1987
»Platinum Circle« für / for / pour *Café Costes*, Chicago
Designpreis für Aschenbecher / Design prize for ashtray / Prix du design pour le cendrier *Ray Hollis*, Tokyo
Preis für Sessel / Prize for armchair / Prix pour le fauteuil *J. Serie Lang*, Valencia

1988
»Grand Prix National de la création industrielle«, Paris
»Oscar du Design« für das Boot / for the boat / pour le bateau *Beneteau*, Paris

1990
»Interior Architecture Award« von der Zeitschrift / from the magazine / du magazine »Interior Design« (Hall of Fame) für / for / pour *Hotel Royalton*, New York

1991
»Twelfth Annual Interiors Award« von der Zeitschrift / from the magazine / du magazine »Interiors« für / for / pour *Hotel Royalton*, New York
»American Institute of Architects Honor Award« für / for / pour *Hotel Royalton*, Washington

Kurzbiographie

Biography in Brief

Philippe Starck, geboren am 18. Januar 1949 in Paris, ist schon als Jugendlicher begeisterter Zeichner, wohl angeregt durch seinen Vater, der als Flugzeugkonstrukteur arbeitete. Ab Mitte der sechziger Jahre besucht Starck die Ecole Nissim de Camondo in Paris und gründet 1968 seine erste Firma, in der er aufblasbare Objekte produziert. In den siebziger Jahren richtet er die Pariser Nachtclubs *La Main Bleue* (1976) und *Les Bains-Douches* (1978) ein. 1979 gründet er die Firma »Starck Product«.

Als Interior Designer stattet er 1982 die Privaträume des französischen Präsidenten François Mitterrand im Pariser Elyséepalast neu aus. Ebenso gestaltet er 1984 die Inneneinrichtung des *Café Costes* in Paris sowie weitere Cafés und Bars, z. B. *Manin* (Tokio 1985) und *Teatriz* (Madrid 1990).

In New York ist er verantwortlich für das Interior Design der Hotels *Royalton* (1988) und *Paramount* (1990) und ist maßgeblich bei der Entstehung des *Groningen Museum* (1991) in den Niederlanden beteiligt. In Japan realisiert Starck 1989/90 für die Asahi-Brauerei das Gebäude *La Flamme*, für Rikugo das Bürohaus *Nani Nani* (beide in Tokio) und 1991 für Meisei das Bürohaus *Der grüne Baron* in Osaka. Nach seinen Entwürfen entstehen eine Reihe von Privathäusern, wie z. B. *Lemoult* (Paris 1987), *Der Winkel* (Antwerpen 1991), 18 Mietshäuser in Los Angeles (1991) und ein Privathaus in Madrid (1991); ebenso Firmengebäude für eine französische Schneidwarenfabrik, *Laguiole* (1989), und einen Hersteller biologischer Produkte bei Bordeaux (1991). In Paris entsteht ein kompletter Straßenzug, *La Rue Starck* (1991), nach seinen Plänen.

Darüber hinaus entwirft Starck in den achtziger Jahren zahlreiche Einzelmöbel und Möbelkollektionen, die von französischen, italienischen, spanischen, japanischen und schweizerischen Möbelfirmen produziert werden. Im Bereich Industriedesign kreiert er die verschiedenartigsten Objekte in der Serie O.W.O., Nudeln für Panzani, Boote für Beneteau, Mineralwasserflaschen für Glacier, Küchengeräte für Alessi, Zahnbürsten für Fluocaril, Reisegepäck für Vuitton, »Stadtmöbel« für Decaux, Büromöbel für Vitra, Fahrzeuge, Computer, Türgriffe, Brillen etc.

Für seine Arbeiten erhielt Starck zahlreiche Preise und Auszeichnungen. Seine Designobjekte sind in den Sammlungen einer Reihe von europäischen und amerikanischen Museen vertreten, so z. B. im Brooklyn Museum, New York; Musée des Arts Décoratifs, Paris, und The Museum of Design in London. Einzelausstellungen und Ausstellungsbeteiligungen in Paris, Marseille, Rom, München, Düsseldorf, Kyoto, Tokio, Chicago, Los Angeles und New York. Philippe Starck lebt und arbeitet in Paris.

Philippe Starck und »Juicy Salif«, 1990
Philippe Starck and »Juicy Salif«
Philippe Starck et «Juicy Salif»
Photo: Benainous – Edelhajt (Agence Gamma)

Philippe Starck was born in Paris on 18th January 1949. As a youngster he was already an enthusiastic draughtsman, probably inspired by his father, who worked as an aircraft designer. From the mid-sixties, Starck attended the Ecole Nissim de Camondo in Paris, and he set up his first company in 1968 to produce inflatable objects. In the 1970s he fitted out the Paris night-clubs *La Main Bleue* (1976) and *Les Bains-Douches* (1978). In 1979 he founded the »Starck Product« company.

As an interior designer he was responsible in 1982 for refurbishing the private apartments in the Elysée Palace in Paris for President Mitterrand of France. He went on in 1984 to design the interior of the *Café Costes* in Paris, along with those of other establishments, such as the *Manin* in Tokyo (1985) and *Teatriz* in Madrid (1990). In New York he was responsible for the interior design of the *Royalton* and *Paramount* hotels (1988 and 1990), and played a leading part in the design of the *Groningen Museum* in the Netherlands in 1991. In Japan, Starck was responsible for the *La Flamme* building commissioned by the Asahi brewery, the *Nani Nani* office building for Rikugo (both in Tokyo, 1989/90), as well as for the *The green baron* office block (1991) commissioned by Meisei in Osaka. He has also designed a number of private dwelling houses and apartment blocks, for example *Lemoult* in Paris (1987), *The Angle* in Antwerp (1991), 18 rental apartment buildings in Los Angeles (1991) and a private house in Madrid (1991). He has also designed commercial premises for the French cutlery company *Laguiole* (1989) as well as for an organic products manufacturer near Bordeaux (1991). In Paris a whole street block, *La Rue Starck*, is going up to his designs (1991).

In addition to all this, during the 1980s Starck designed numerous collections and

Courte biographie

Brigitte & Ara Starck, 1989
Photo: Tom Vack

Philippe Starck, 1989
Photo: Tom Vack

individual items of furniture for manufacture by firms in France, Italy, Spain, Japan and Switzerland. In the field of industrial design, he has been responsible for the creation of a wide variety of objects in the O.W.O. series, noodles for Panzani, boats for Beneteau, mineral-water bottles for Glacier, kitchen appliances for Alessi, toothbrushes for Fluocaril, luggage for Vuitton, »Urban Fittings« for Decaux, office furniture for Vitra, as well as vehicles, computers, door-knobs, spectacle frames, etc.

Starck's work has brought him numerous prizes and awards. Objects designed by him can be seen on display in the collections of a number of European and American museums, among them the Brooklyn Museum in New York, the Musée des Arts Décoratifs in Paris, and the Museum of Design in London. Exhibitions of his work, either alone or in conjunction with that of other designers, have been held, among other places, in Paris, Marseille, Rome, Munich, Düsseldorf, Kyoto, Tokyo, Chicago, Los Angeles and New York. He lives and works in Paris.

Philippe Starck est né le 18 janvier 1949 à Paris. Dès l'adolescence, il se passionne pour le dessin, animé certainement par son père qui est constructeur d'avions. A partir du milieu des années soixante, Starck étudie à l'école Nissim de Camondo à Paris. En 1968, il fonde sa première entreprise qui produit des objets gonflables. Dans les années soixante-dix, il se charge de la décoration intérieure des night-clubs parisiens *La Main Bleue* (1976) et *Les Bains-Douches* (1978). En 1979, il fonde l'entreprise «Starck Product».

C'est en tant que Interior Designer qu'il renouvelle, en 1982, l'aménagement des appartements privés du président François Mitterrand au Palais de l'Elysée. Il réalise également, en 1984, la décoration intérieure du *Café Costes* à Paris ainsi que celle d'autres cafés et boîtes de nuit, comme par exemple *Manin* (Tokyo 1985) et *Teatriz* (Madrid 1990).

A New York, il est responsable du design intérieur des hôtels *Royalton* (1988) et *Paramount* (1990), et aux Pays-Bas, il participe activement à la construction du *Groningen Museum* (1991). Au Japon, Starck réalise en 1989/1990 le bâtiment *La Flamme* pour la brasserie Asahi, l'immeuble de bureaux *Nani Nani* pour Rikugo (tous deux situés à Tokyo) et, en 1991, l'immeuble de bureaux *Le baron vert* à Osaka pour Meisei. C'est d'après ses plans qu'apparaît toute une série de résidences particulières, comme par exemple *Lemoult* (Paris 1987), *L'Angle* (Anvers 1991), 18 maisons de rapport à Los Angeles (1991) et une résidence particulière à Madrid (1991); il a de même conçu les plans pour les locaux de la coutellerie française *Laguiole* (1989) et pour ceux d'une usine de produits biologiques près de Bordeaux (1991). A Paris, une rue entière *La Rue Starck* (1991) est réalisée d'après ses plans.

Par ailleurs, Starck dessine dans les an-nées quatre-vingt un grand nombre de meubles individuels et de collections de meubles qui sont fabriqués par des établissements français, italiens, espagnols, japonais et suisses. Dans le domaine du design industriel, il crée les objets les plus divers dans la série O.W.O., pâtes pour Panzani, bateaux pour Beneteau, bouteilles d'eau minérale pour Glacier, appareils ménagers pour Alessi, brosses à dent pour Fluocaril, articles de voyage pour Vuitton, «Mobilier urbain» pour Decaux, meubles de bureau pour Vitra, véhicules, ordinateurs, poignées de porte, lunettes, etc.

Starck a reçu pour ses ouvrages un grand nombre de prix et de décorations. Ses créations sont exposées dans les collections de nombreux musées européens et américains: entre autres, au Brooklyn Museum de New York, au Musée des Arts Décoratifs de Paris et au Museum of Design de Londres. Citons également les expositions individuelles et collectives à Paris, Marseille, Rome, Munich, Düsseldorf, Kyoto, Tokyo, Chicago, Los Angeles, New York et bien d'autres encore. Il vit et travaille à Paris.

Danksagung

Der Verlag dankt an erster Stelle Philippe Starck für die großzügige und freundliche Unterstützung und die Überlassung des Bildmaterials aus seinem Archiv. Darüber hinaus haben alle mit Seitenzahlen gekennzeichneten Stellen Bildvorlagen zur Verfügung gestellt.

Wir danken folgenden Fotografen, Möbelfirmen, Public Relations Büros und Einrichtungshäusern, die dieses Buch ermöglicht haben: Abitare, Köln / Alessi, Crusinallo / Ambiente, München (S. 56) / Asahi Breweries, Tokio / Nancy Assuncao Associates, New York / Baleri, Bergamo (S. 19, 63, 73) / Ballo & Ballo / Benainous-Edelhajt (Agence Gamma) / Guy Boucher / Santi Caleca / Stéphane Couturier, Paris / Daum, Paris / Disform, Barcelona (S. 34 li. & re. o., 72, 75) / Driade, Fossadello di Caorso / Todd Eberle, New York (S. 132, 133) / Eric Feinblatt / Flos, Bovezzo Brescia (S. 80, 81) / Atelier Foik, Köln / Andrew Garn, New York (S. 102–105) / Jean-Pierre Godeaut, Paris / Kartell, Mailand (S. 53) / Yoshiyuki Kurata / Klaus-Stefan Leuschel / made in ..., Düsseldorf / Jean-Baptiste Mondino, Paris / Nacása & Partners, Tokio / Carlo Orsi / Pesch Intermöbel, Köln / Presence, Paris / Howard J. Rubenstein Associates, New York / Jordi Sarrà, Barcelona (S. 119, 121, 124, 125, 127) / Peter Strobel, Köln (S. 34 li. u., 36, 37, 38, 40, 41, 44, 45, 48/49, 50, 55, 64 o., 65 o., 136, 146) / Andreas Sütterlin, Weil am Rhein (S. 57) / Yutaka Suzuki / Emilio Tremolada, Tom Vack & Corinne Pfister / Vitra, Weil am Rhein / X. O., Brie Comte Robert und anderen.

Acknowledgements

The publishers would like to extend special thanks to Philippe Starck for his kind and generous support and for providing us with picture material from his archives. Additional picture material was kindly loaned to us by those persons and institutions indicated below (see page numbers).

We thank all of the photographers, furniture companies, public relations offices and furnishing houses who made this book possible: Abitare, Cologne / Alessi, Crusinallo / Ambiente, Munich (p. 56) / Asahi Breweries, Tokyo / Nancy Assuncao Associates, New York / Baleri, Bergamo (p. 19, 63, 73) / Ballo & Ballo / Benainous-Edelhajt (Agence Gamma) / Guy Boucher / Santi Caleca / Stéphane Couturier, Paris / Daum , Paris / Disform, Barcelona (p. 34 above left and right, 72, 75) / Driade, Fossadello di Caorso / Todd Eberle, New York (p. 132, 133) / Eric Feinblatt / Flos, Bovezzo Brescia (p. 80, 81) / Atelier Foik, Cologne / Andrew Garn, New York (p. 102–105) / Jean-Pierre Godeaut, Paris / Kartell, Milan (p. 53) / Yoshiyuki Kurata / Klaus-Stefan Leuschel / made in ..., Düsseldorf / Jean-Baptiste Mondino, Paris / Nacása & Partners, Tokyo / Carlo Orsi / Pesch Intermöbel, Cologne / Presence, Paris / Howard J. Rubenstein Associates, New York / Jordi Sarrà, Barcelona (p. 119, 121, 124, 125, 127) / Peter Strobel, Cologne (p. 34 below left, 36, 37, 38, 40, 41, 44, 45, 48/49, 50, 55, 64 above, 65 above, 136, 146) / Andreas Sütterlin, Weil am Rhein (p. 57) / Yutaka Suzuki / Emilio Tremolada / Tom Vack & Corinne Pfister / Vitra, Weil am Rhein / X. O., Brie Comte Robert and others.

Remerciements

La maison d'édition remercie en premier lieu Philippe Starck de son aimable et généreux soutien et d'avoir mis à sa disposition les illustrations provenant de ses archives. Par ailleurs, tous les établissements présentant un numéro de page entre parenthèses, ont fourni du matériel d'illustration. Nous remercions les photographes, les maisons de meubles, les agences de relations publiques ainsi que les magasins de meubles d'équipement suivants qui ont contribué à la réalisation de cet ouvrage: Abitare, Cologne / Alessi, Crusinallo / Ambiente, Munich (p. 56) / Asahi Breweries, Tokyo / Nancy Assuncao Associates, New York / Baleri, Bergamo (p. 19, 63, 73) / Ballo & Ballo / Benainous-Edelhajt (Agence Gamma) / Guy Boucher / Santi Caleca / Stéphane Couturier, Paris / Daum , Paris / Disform, Barcelone (p. 34 en haut à.g. et à.d., 72, 75) / Driade, Fossadello di Caorso / Todd Eberle, New York (p. 132, 133) / Eric Feinblatt / Flos, Bovezzo Brescia (p. 80, 81) / Atelier Foik, Cologne / Andrew Garn, New York (p. 102–105) / Jean-Pierre Godeaut, Paris / Kartell, Milan (p. 53) / Yoshiyuki Kurata / Klaus-Stefan Leuschel / made in ..., Düsseldorf / Jean-Baptiste Mondino, Paris / Nacása & Partners, Tokyo / Carlo Orsi / Pesch Intermöbel, Cologne / Presence, Paris / Howard J. Rubenstein Associates, New York / Jordi Sarrà, Barcelone (p. 119, 121, 124, 125, 127) / Peter Strobel, Cologne (p. 34 en bas à.g., 36, 37, 38, 40, 41, 44, 45, 48/49, 50, 55, 64 en haut, 65 en haut, 136, 146) / Andreas Sütterlin, Weil am Rhein (p. 57) / Yutaka Suzuki / Emilio Tremolada / Tom Vack & Corinne Pfister / Vitra, Weil am Rhein / X. O., Brie Comte Robert et bien d'autres encore.